# BARCELONA

## ANNELISE SORENSEN
## & RYAN CHANDLER

W0177824

DK | Penguin
Random
House

# Highlights

# Themen

# Inhalt

## Stadtteile

## Reise-Infos

Die TOP10-Listen in diesem Buch sind nicht nach Rängen oder Qualität geordnet. Alle zehn Einträge sind in den Augen des Herausgebers von gleicher Bedeutung.

**Umschlag Vorderseite, Buchrücken & Titelseite**
Die berühmte Mosaikenbank in Gaudís Park Güell
**Umschlag Rückseite, im Uhrzeigersinn von links oben** Decke des Palau de la Música Catalana, Barceloneta, Restaurants an der Plaça Reial, Park Güell, Museu Nacional d'Art de Catalunya (MNAC)

**Die Informationen in diesem TOP10-Reiseführer werden regelmäßig aktualisiert.**

Angaben wie Telefonnummern, Öffnungszeiten, Adressen, Preise und Fahrpläne können sich jedoch ändern. Der Verlag kann für fehlerhafte oder veraltete Angaben nicht haftbar gemacht werden. Für Hinweise, Verbesserungsvorschläge und Korrekturen ist der Verlag dankbar.  Bitte richten Sie Ihr Schreiben an:
Dorling Kindersley Verlag GmbH
Redaktion Reiseführer
Arnulfstraße 124 • 80636 München
reise@dk.com

# Willkommen in
# Barcelona

**Am Ufer des Mittelmeers lockt die katalanische Hauptstadt mit einem der größten und besterhaltenen mittelalterlichen Viertel Europas und der feinsten Ansammlung von Modernisme-Architektur weltweit. Barcelona ist aber auch ein Zentrum moderner Kunst und zeitgenössischen Designs. Die Stadt ist berühmt für raffinierte Kochkunst und für ihr aufregendes Nachtleben.**

Natürlich ist Barcelona eine Großstadt, und natürlich gibt es Unmengen von Sehenswürdigkeiten zu besichtigen. Vor allem aber ist Barcelona eine Stadt, in der man sich entspannt wohlfühlen kann – sei es im Schatten einer Palme am **Strand**, bei einem Kaffee auf einem der mittelalterlichen Plätze oder bei einem Picknick im **Park Güell** oder am **Montjuïc**. Am besten lassen Sie sich auf **La Rambla** oder im Gassenlabyrinth des **Barri Gòtic** treiben und schlendern so langsam durch **Eixample**, dass Sie die schmiedeeisernen Zierelemente und die bunten Mosaiken der Modernisme-Häuser wahrnehmen. Hier stößt man auf viel **Straßenkunst**, von Botero bis Lichtenstein, und fantastische **Museen** präsentieren nicht nur Miró und Picasso, sondern auch spannende zeitgenössische Kunst.

Die moderne katalanische Küche ist innovativ. In preisgekrönten Sternerestaurants können Sie sich mit Molekularküche anfreunden, aber auch viele preiswertere Restaurants servieren exquisite **Tapas** und Gerichte, die sich seit Generationen bewährt haben oder modern aufgepeppt wurden. Bei den **Festen** der Katalanen wird klar, was Barcelona vom Rest Spaniens unterscheidet: Statt Flamenco zu tanzen, baut man hier *castells* (Menschentürme) und läuft bei den *correfocs* als Feuer speiendes Monster durch die Straßen.

Ob Sie nur ein Wochenende oder eine ganze Woche Zeit haben: Dieser TOP**10**-Reiseführer beschreibt das Beste, was Barcelona bietet – von Gaudís Meisterwerk **Sagrada Família** bis zum **Parc del Laberint d'Horta**. Zahlreiche Tipps, Spaziergänge und Touren helfen Ihnen, die ganze Bandbreite zu erleben. Viel Spaß in Barcelona!

Im Uhrzeigersinn von oben: Museu Nacional d'Art de Catalunya, Buntglaskuppel des Palau de la Música Catalana, Kamine der Casa Milà (La Pedrera), Eingangsbereich des Park Güell, Fenster der Casa Batlló, Irrgarten im Parc del Laberint d'Horta, Basílica de la Mercè im Barri Gòtic

# Barcelona entdecken

Zum Sightseeing, Shoppen und Genießen bietet Barcelona wahrlich genügend Möglichkeiten. Ob Sie nun nur ein langes Wochenende hier verbringen oder die Stadt ein wenig genauer kennenlernen wollen – unsere Tagestouren helfen auf jeden Fall, dass Sie die wichtigsten Highlights nicht verpassen.

## Zwei Tage in Barcelona

### Tag ❶

**Vormittags**
Schlendern Sie die weltbekannte La Rambla *(siehe S. 16f)* entlang. Von dort tauchen Sie in das mittelalterliche Gassengewirr des Barri Gòtic ein und besichtigen die **Kathedrale** *(siehe S. 18f)*.

**Nachmittags**
Setzen Sie Ihre Erkundungstour im Viertel El Born fort. Besuchen Sie das **Museu Picasso** *(siehe S. 30f)*. Als Abendprogramm bietet sich ein Konzert im prachtvollen **Palau de la Música Catalana** *(siehe S. 32f)* an.

### Tag ❷

**Vormittags**
Gaudís **Sagrada Família** *(siehe S. 12–15)* lässt Sie bestimmt einige Stunden staunen. Sie sollten sich unbedingt vorher online ein Ticket reservieren, sonst stehen Sie sehr lange in der Schlange.

**Nachmittags**
Nehmen Sie die Metro und dann den Funicular hinauf zum grünen Montjuïc, wo die **Fundació Joan Miró** *(siehe S. 28f)* in einem modernen Bau eine spektakuläre Werksammlung Mirós zeigt.

## Vier Tage in Barcelona

### Tag ❶

**Vormittags**
Starten Sie in der UNESCO-Welterbestätte **Park Güell** *(siehe S. 22f)*, für die Sie aber frühzeitig auf der Website ein Ticket kaufen sollten.

**Nachmittags**
Besichtigen Sie Gaudís unvollendetes Meisterwerk, die **Sagrada Família**

**Der lebhafte Mercat de la Boqueria** ist einer der größten Märkte Europas für frische Lebensmittel.

*(siehe S. 12–15)*, für die Sie unbedingt vorher ein Ticket buchen sollten. Danach ist vielleicht noch Zeit für das **Museu Picasso** *(siehe S. 30f)*, das fünf miteinander verbundene gotische Palais einnimmt.

### Tag ❷

**Vormittags**
Spazieren Sie La Rambla *(siehe S. 16f)* entlang und werfen Sie einen Blick in den **Mercat de la Boqueria** *(siehe S. 68)*. Danach lassen Sie sich durch die mittelalterlichen Gassen des Barri Gòtic treiben, bis Sie auf die **Kathedrale** *(siehe S. 18f)* stoßen.

**Nachmittags**
Stöbern Sie in den kleinen Läden am edlen **Passeig de Gràcia** *(siehe S. 66)*. Dann lassen Sie sich von einem der schönsten Bauten Gaudís, **Casa Milà (La Pedrera)**, begeistern *(siehe S. 26f)*.

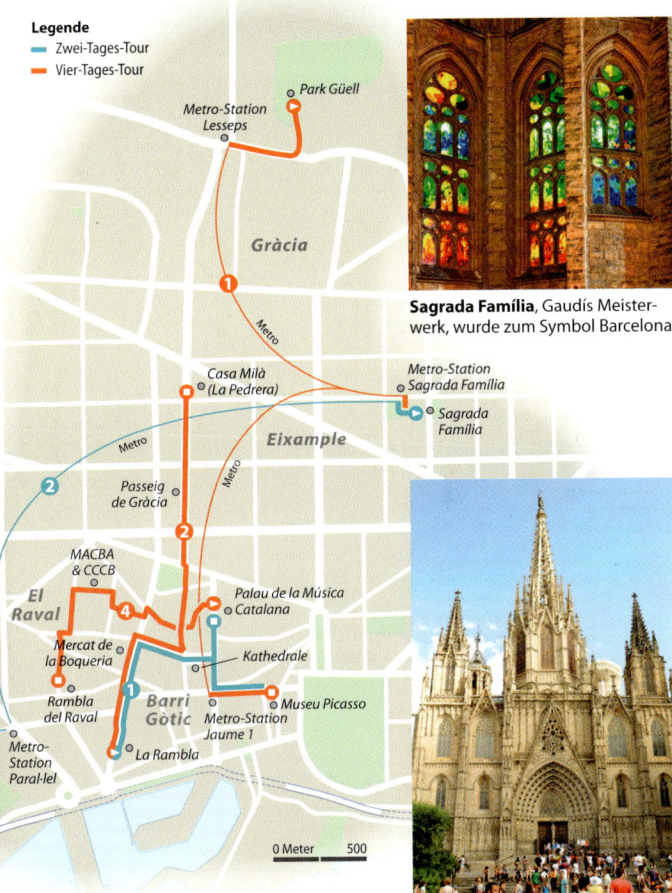

**Legende**
— Zwei-Tages-Tour
— Vier-Tages-Tour

Park Güell

Metro-Station
Lesseps

*Gràcia*

① Metro

*Eixample*

Casa Milà
(La Pedrera)

Metro-Station
Sagrada Família

Sagrada
Família

Metro

② Metro

Passeig
de Gràcia

MACBA
& CCCB

**El
Raval**

② 

Palau de la Música
Catalana

④

Mercat de
la Boqueria

Kathedrale

Rambla
del Raval

**Barri
Gòtic**

Museu Picasso

Metro-Station
Jaume 1

Metro-
Station
Paral·lel

La Rambla

0 Meter    500

**Sagrada Família**, Gaudís Meisterwerk, wurde zum Symbol Barcelonas.

**Die gotische Kathedrale** hat eine
prächtige Fassade und einen idyl-
lisch ruhigen Kreuzgang.

## Tag ❸
**Vormittags**
Entspannen Sie am Montjuïc, viel-
leicht in den **Jardins de Laribal** oder
den **Jardins de Miramar** *(siehe S. 98)*,
bevor Sie sich in der **Fundació Joan
Miró** *(siehe S. 28f)* eine der größten
Werksammlungen Mirós ansehen.
**Nachmittags**
Um das **Museu Nacional d'Art de Ca-
talunya** *(siehe S. 20f)* ganz zu besich-
tigen, bräuchten Sie mehr als einen
Nachmittag, aber die Romanik- und
Gotik-Abteilungen sollten Sie sich
auf jeden Fall ansehen. Abends fas-
ziniert die Light & Sound-Show des
**Font Màgica** *(siehe S. 95)*.

## Tag ❹
**Vormittags**
Buchen Sie eine Führung durch den
**Palau de la Música Catalana** *(siehe
S. 32f)*, ein Highlight des Modernisme.
**Nachmittags**
Im **Museu d'Art Contemporani
(MACBA) & Centre de Cultura Con-
temporània (CCCB)** *(siehe S. 34f)* ent-
decken Sie die neueste Kunst. An-
schließend relaxen Sie bei einem
Kaffee oder einem Drink an der
nahen **Rambla del Raval** *(siehe S. 88)*.

# Highlights

Wie Bäume streben die Säulen im
Kirchenschiff der Sagrada Família empor

# TOP10 **Highlights**

Barcelona liegt wunderschön – zwischen Sandstränden am Mittelmeer und Bergen, die bis zum Stadtrand reichen. Vom Hafenviertel über das mittelalterliche Barri Gòtic bis zu den Modernisme-Bauwerken in Eixample: Barcelona begeistert.

### Sagrada Família ①

Gaudís Meisterwerk ist Wahrzeichen der Stadt und Inbegriff des Modernisme. Die Türme – 18 sind geplant, zwölf vollendet – ragen hoch in den Himmel *(siehe S. 12–15)*.

### ② La Rambla

Die rund einen Kilometer lange Flaniermeile von Barcelona zieht eine breite Schneise durch die Altstadt. Sie führt von der Plaça de Catalunya bis zum Mittelmeer *(siehe S. 16f)*.

### ③ Kathedrale

Die prachtvolle gotische Kathedrale mit der hoch aufstrebenden, reich verzierten Fassade und einem sonnigen Kreuzgang, in dem Palmen stehen, erhebt sich über der Altstadt *(siehe S. 18f)*.

### Museu Nacional d'Art de Catalunya ④

Der imposante Palau Nacional beherbergt das Museu Nacional d'Art de Catalunya (MNAC), das eine der umfangreichsten Sammlungen romanischer Kunst aus aller Welt besitzt *(siehe S. 20f)*.

### ⑤ Park Güell

Mit seinen fantasievollen Fabelwesen, den vielen Mosaiken und dem schönen Blick über die Stadt verzaubert Gaudís Schöpfung die Besucher *(siehe S. 22f)*.

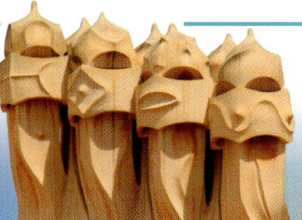

### 6 Casa Milà (La Pedrera)

Das faszinierend gestaltete Modernisme-Gebäude ist unverkennbar ein Werk Gaudís. Die geschwungene Fassade und die zahlreichen Schornsteine auf dem Dach weisen fantastische Formen auf *(siehe S. 26f)*.

### 7 Fundació Joan Miró

Das lichtdurchflutete Museum, eine einzigartige Kombination von Kunst und Architektur, präsentiert das Werk des katalanischen Künstlers Joan Miró. Die Gemälde, Skulpturen und anderen Arbeiten umspannen über 60 Jahre *(siehe S. 28f)*.

### 8 Museu Picasso

Das Museum liegt in einem mittelalterlichen Palast und besitzt eine umfangreiche Sammlung aus dem Frühwerk Picassos. Die Werke verdeutlichen Besuchern den Werdegang des Künstlers ab dem Alter von 13 *(siehe S. 30f)*.

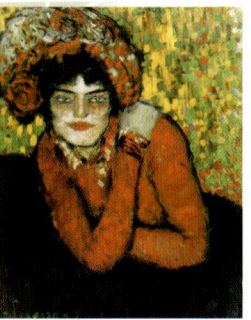

### Palau de la Música Catalana 9

Der »Palast der katalanischen Musik« ist nicht nur ein Konzertsaal, sondern eines der schönsten Modernisme-Bauwerke in Barcelona *(siehe S. 32f)*.

### 10 Museu d'Art Contemporani & Centre de Cultura Contemporània

Das glänzende Museum moderner Kunst und das wegweisende Kulturzentrum belebten den inzwischen begehrten Stadtteil El Raval neu *(siehe S. 34f)*.

# **TOP10** ⭐ Sagrada Família

Die von Antoni Gaudí entworfene Kirche, eine *tour de force* der Fantasie, löste viele Kontroversen aus. Obwohl sich Gaudí sein Leben lang dem Bau der Kirche gewidmet hatte, war sie bei seinem Tod 1926 unvollendet. Bis heute kann man das Wachsen dieses Weltwunders beobachten. Seit über 80 Jahren liefern Bildhauer und Architekten ihre Beiträge zu Gaudís Traum. Die Kosten gehen längst ins Unermessliche. Die Basilika sollte 2026 fertig sein, doch die Bauarbeiten verzögern sich.

**1 Wendeltreppen**
Die Treppen, die sich die Türme hinaufschrauben, erinnern an Schneckenhäuser *(oben)*.

**2 Hauptschiff**
Die Säulen, die die Gewölbe des riesigen Innenraums *(unten)* tragen, erinnern an hohe Mammutbäume. Sie haben an den oberen Enden Verzweigungen, die sich wie Äste unter der Decke ausbreiten. So entsteht der Eindruck eines steinernen Walds.

**3 Weihnachtsfassade**
Drei Portale symbolisieren Glaube, Hoffnung und Liebe *(oben)*. Fast hundert Pflanzen- und Tierarten sind in Stein gemeißelt.

**4 Apsis**
Die mit Eidechsen, Schlangen und vier riesigen Schnecken geschmückte Apsis war der erste von Antoni Gaudí vollendete Teil der Kirche.

### 5 Hängendes Modell

Die seltsame Apparatur im Krypta-Museum bezeugt Gaudís enormen Einfallsreichtum. Der Architekt schuf die 3-D-Konstruktion mit Ketten und kleinen Sandsackgewichten als Modell für die Bogen und Gewölbe der Krypta. In der Geschichte der Architektur wurde nie zuvor ein Bauwerk auf solche Weise entworfen.

### 6 Türme

Gaudís Plan sieht insgesamt 18 Türme vor. Schwindelfreie können nach der Fahrt mit dem Lift zu den Spitzen der Türme die Mosaiken und Wasserspeier betrachten und den Ausblick genießen.

### 7 Kreuzgang

Die Symbolik in dem von Gaudí vollendeten Kreuzgang wurde wohl durch revolutionäre Unruhen ab 1909 (siehe S. 38) inspiriert. Die Versuchung durch den Teufel ist in Form einer Schlange dargestellt, die sich um einen Rebellen windet.

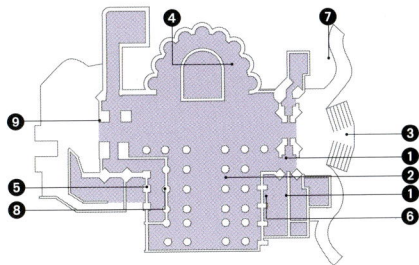

### 8 Krypta-Museum

Gaudí ist in der Krypta (unten) beigesetzt – sein Grab ist vom Museum aus zu sehen. Das Museum zeigt audiovisuelle Ausstellungen zum Bau der Kirche. In der Entwurfswerkstatt entstehen maßstabsgetreue Modelle für die laufenden Bauarbeiten.

### 9 Passionsfassade

Die von Josep Maria Subirachs zwischen 1954 und 2002 gestaltete Fassade stellt Leiden und Opfer Christi dar. Der Kontrast zwischen Subirachs' strengem Stil und der Vielschichtigkeit der Arbeiten Gaudís führte zu Kontroversen.

### 10 Unvollendetes Werk

An der Basilika herrscht Geschäftigkeit: Bildhauer arbeiten an den Türmen, Steinmetzen behauen riesige Blöcke, Gerüste und Baukräne umringen die Kirche. Wer die Arbeiten beobachtet, begreift die monumentalen Dimensionen des Projekts.

---

**Infobox**

Karte G2 ■ C/ Sardenya & C/ Marina (für Gruppen)
■ +34 932 080 414
■ Metro: Sagrada Família
■ www.sagradafamilia.org

■ Apr – Sep: Mo – Sa 9 – 20, So 10.30 – 20 Uhr; März, Okt: Mo – Sa 9 –19, So 10.30 – 19 Uhr; Nov – Feb: Mo – Sa 9 –18, So 10.30 –18 Uhr

■ Eintritt 26 € inkl. Audioführer, 30 € inkl. Führung, 40 € inkl. Führung und Besuch eines Turms. Tickets sollten unbedingt vorher online gebucht werden.

■ Termine für Führungen finden Sie auf der Website.
■ ♿ teilweise

⋯⋯⋯⋯⋯⋯

■ Abends ist der Anblick der Basilika von den Bars an der Av de Gaudí sehr schön.

■ Die besten Fotos gelingen vor 8 Uhr: Die Weihnachtsfassade wird dann von der Sonne beschienen.

■ Die Passionsfassade ziert ein Kryptogramm: Die Summe der Zahlen ergibt das Alter Christi zur Zeit seines Todes.

⋯⋯⋯⋯⋯⋯

**Kurzführer**

An den Eingängen an C/ Sardenya und C/ Marina (für Gruppen) befinden sich Souvenirläden. An den beiden Fassaden gibt es jeweils einen Lift zu den Turmspitzen (Zugang mit Kombiticket; die Treppen sind für Besucher geschlossen). Das Museum liegt nahe dem Eingang an C/ Sardenya.

# Entstehung der Sagrada Família

**(1) 1882**
Unter der Projektleitung des Architekten Francesc del Villar erfolgt die offizielle Grundsteinlegung für die Sagrada Família. Nach Meinungsverschiedenheiten mit den Stiftern der Kirche zieht sich Villar zurück.

**(2) 1883**
Der junge Antoni Gaudí wird als leitender Architekt beauftragt. Er widmet dem Projekt 40 Jahre seines Lebens. Zuletzt wohnt er sogar auf der Baustelle.

**(3) 1889**
Kapellen umgeben die vollendete Krypta. Eine wird später Gaudís Grab beherbergen.

**(4) 1904**
An der Weihnachtsfassade, die Jesus, Maria und Josef inmitten eines Chors von Engeln darstellt, finden die letzten Arbeiten statt.

**(5) 1925**
Der erste von 18 geplanten Türmen ist fertig. Er ragt 100 Meter hoch in den Himmel.

**(6) 1926**
Am 7. Juni wird Gaudí nahe der Sagrada Família von einer Tram erfasst. Der berühmte Architekt wird zunächst nicht erkannt. Er stirbt drei Tage später.

**Skulptur an der Passionsfassade**

**(7) 1936**
Mit Beginn des Spanischen Bürgerkriegs werden die Bauarbeiten ausgesetzt. Gaudís Atelier und die Krypta werden von Revolutionären niedergebrannt, da die katholische Kirche die Nationalisten unterstützt. 20 Jahre später werden die Arbeiten wieder aufgenommen.

**(8) 1987–1990**
Der Künstler Josep Maria Subirachs (1927–2014) wohnt wie sein berühmter Vorgänger in der Sagrada Família. Subirachs vollendet die Bildhauerarbeiten an der Passionsfassade. Seine strengen Skulpturen ernten Lob und Kritik.

**(9) 2000**
Am 31. Dezember wird das Hauptschiff vollendet.

**(10) 2010–2022**
Papst Benedikt XVI. weiht die Sagrada Família 2010 und erhebt das Gotteshaus in den Rang einer Basilika. 2021 wird die Torre de la Virgen Maria (Turm der Jungfrau Maria) fertiggestellt. Die Vollendung des gesamten Bauwerks nach Gaudís Plänen war für 2026 (100 Jahre nach dem Tod des Baumeisters) geplant, doch die durch Spenden und Eintrittsgelder finanzierten Bauarbeiten verzögern sich.

**Bleiglasfenster in der Apsis**

## Antoni Gaudí

**Gaudí (1852–1926)**

Antoni Gaudí i Cornet war der Vorreiter des Modernisme im späten 19. Jahrhundert. Er ist der berühmteste Architekt Barcelonas. Der strenge Katholik und katalanische Nationalist führte ein fast mönchisches Dasein, das nur seiner architektonischen Vision gewidmet war. Er lebte meist in Armut. Im Jahr 2000 leitete die katholische Kirche ein Seligsprechungsverfahren ein. Gaudís außerordentliches Erbe bestimmt das architektonische Erscheinungsbild von Barcelona. Der Name des Architekten leitet sich vom katalanischen Verb *gaudir* (»freuen«) ab, sein einzigartiges Werk ist von einem Sinn für Fantasie, Überschwang und Verspieltheit durchdrungen. Wie im Modernisme üblich sind Naturthemen beherrschend, nicht nur in den dekorativen Elementen, sondern auch in der Gesamtgestalt von Gaudís Bauwerken. Typisch für seinen neuartigen Stil sind auch schmiedeeiserne Balkone und Trencadís-Fliesen.

### Gaudís Bauwerke in Barcelona

1 **Sagrada Família**
2 **Casa Milà (La Pedrera)** (1910) *siehe S. 26f*
3 **Park Güell** (1900) *siehe S. 22f*
4 **Casa Batlló** (1905) *siehe S. 44f*
5 **Palau Güell** (1890) *siehe S. 87*
6 **Torre Bellesguard** (1875)
7 **Finca Güell** (1887)
8 **Casa Calvet** (1899)
9 **Col·legi de les Teresianes** (1890)
10 **Casa Vicens** (1885)

**Die vielen Schornsteine der Casa Batlló** weisen bunte Muster auf, die mit Fliesen gestaltet wurden. Dieser Stil wurde eines der Markenzeichen Gaudís.

# TOP 10 ★ La Rambla

Wohl nirgendwo in Spanien kann man sich dem beliebten *paseo* (Bummel) besser hingeben als in dieser breiten, von Bäumen flankierten Fußgängerzone. La Rambla ist Tag und Nacht voller Leben. Sie bezaubert mit verschiedensten Eindrücken: Mit Farben besprayte lebende Statuen stehen regungslos im Strom der Menge, Straßenmusikanten geben Klassiker zum Besten, Karikaturisten fertigen Porträts, an Marktständen werden Blumen und Souvenirs angeboten, Kioske verkaufen rund um die Uhr Zeitungen und viele andere Artikel.

**Fußgängermeile La Rambla**

### 1 Gran Teatre del Liceu

Das 1847 gegründete Opernhaus brachte katalanische Stars wie Montserrat Caballé hervor. Es brannte zweimal ab und wurde vollständig restauriert *(siehe S. 54)*.

### 2 Mercat de la Boqueria

Der bunte, lebendige Markt bietet eine reiche Auswahl an Lebensmitteln – von Obst und Gemüse bis hin zu Meeresfrüchten *(siehe S. 68)*.

### 3 Arts Santa Mònica

Das Kloster aus dem 17. Jahrhundert – einst ein Ort des stillen Gebets – wurde in den 1980er Jahren zu neuem Leben erweckt. Nach einer umfangreichen Renovierung entstand hier das hochmoderne Centre de la Creativitat. Die vielfältigen Ausstellungen präsentieren u. a. großformatige Videoinstallationen, Fotokunst und Skulpturen.

### 4 Blumenstände

Unter den Besucherströmen bilden die Blumenstände, die die Fußgängerzone säumen, die traditionellen Elemente von La Rambla. Viele werden seit Jahrzehnten als Familienbetriebe geführt.

### 5 Monument a Colom

Das Denkmal von 1888 *(links)* erinnert an Christoph Kolumbus' Rückkehr nach Spanien nach der Entdeckung Amerikas. Die Statue stellt den Seefahrer Richtung Meer zeigend dar. Ein Lift führt zur Aussichtsplattform *(siehe S. 102)*.

### 6 Font de Canaletes

Wer bestimmt wiederkommen möchte, sollte von diesem Brunnen (19. Jh.; *rechts*) trinken. Auf ihm steht, dass alle, die daraus trinken, »sich in Barcelona verlieben und stets zurückkehren werden«.

## ⑦ Palau de la Virreina

1778 ließ der Vizekönig von Peru den klassizistischen »Palast der Gemahlin des Vizekönigs« erbauen. Das Gebäude beherbergt das Centre de la Imatge, das Ausstellungen zeigt.

## ⑧ Miró-Mosaik

Das Straßenpflaster ziert ein kreisförmiges farbenfrohes Mosaik von Joan Miró. Es weist die für den katalanischen Künstler typischen, in Grundfarben gehaltenen abstrakten Formen auf *(siehe S. 71)*.

### Infobox

**Mercat de la Boqueria:**
Karte L3 ▪ La Rambla 91
▪ Metro: Liceu
▪ +34 933 182 584
▪ Mo – Sa 8 – 20.30 Uhr
▪ www.boqueria.barcelona

**Palau de la Virreina:**
Karte L3 ▪ La Rambla 99
▪ Metro: Liceu
▪ +34 933 161 000
▪ Di – So 11 – 20 Uhr
▪ www.ajuntament.
barcelona.cat/lavirreina

**Gran Teatre del Liceu:**
Karte L4 ▪ La Rambla
51 – 59 ▪ Metro: Liceu
▪ +34 934 859 900
▪ www.liceubarcelona.
cat

**Arts Santa Mònica:**
Karte L5 ▪ La Rambla 7
▪ Metro: Drassanes
▪ +34 935 671 110
▪ Di – So 11 – 20.30 Uhr
▪ www.artssantamonica.
gencat.cat

**Església de Betlem:**
Karte L2 ▪ C/ Xuclà 2
▪ Metro: Liceu, Catalunya
▪ +34 933 183 823
▪ tägl. 8.30 –13.30,
18 – 21 Uhr

▪ Erleben Sie im Café de l'Òpera (La Rambla 74, *siehe S. 64*) die prickelnde Rambla-Atmosphäre ganz entspannt.

▪ Achtung: Auf La Rambla treiben sich viele Taschendiebe herum!

## ⑨ Casa Bruno Cuadros

Orientalische Motive und als Höhepunkt die Figur eines chinesischen Drachen zieren das verspielte Bauwerk (spätes 19. Jh; *oben*), in dem früher eine Schirmfabrik untergebracht war.

## ⑩ Església de Betlem

Die barocke Kirche (1680 –1729) heißt mit vollständigem Namen Església de la Mare de Déu de Betlem. Sie stammt aus einer Zeit, als die katholische Kirche eine noch weitaus größere Bedeutung hatte *(siehe S. 41)*.

# TOP 10 ★ Kathedrale

Vom gotischen Kreuzgang und den Barockkapellen bis hin zur Fassade aus dem 19. Jahrhundert bietet die im Kern von 1298 stammende Kathedrale eine Verbindung von Baustilen, die Epochen der Religionsgeschichte Spaniens dokumentieren. Im 6. Jahrhundert wurde hier eine frühchristliche Taufkapelle gebaut, die im 11. Jahrhundert durch eine romanische Basilika ersetzt wurde, um dann der gotischen Kathedrale zu weichen, die bis heute geistlicher Mittelpunkt des Barri Gòtic ist.

**1 Hauptfassade**
Die Fassade (unten) mit Zwillingstürmen, Modernisme-Buntglasfenstern und 100 Engelsfiguren stammt aus dem 19. Jahrhundert. Das Hauptportal wurde von Josep Oriol i Mestres entworfen.

**2 Chorgestühl**
Das aufwendig gestaltete Gestühl (1340) mit hölzernen Spitzen wurde von Joan de Borgonya mit farbenprächtigen Wappen verziert.

**4 Hauptschiff & Orgel**
Das gewaltige Kirchenschiff (oben) wird von schlanken Säulen getragen und verfügt über einen beeindruckenden Hochaltar. Die Orgel aus dem 16. Jahrhundert erhebt sich mächtig im Innenraum.

**3 Kreuzgang**
In dem mit Palmen bestandenen Kreuzgang aus dem 14. Jahrhundert leben frei laufende Gänse. Den moosbedeckten Brunnen ziert eine Eisenstatue von Sant Jordi, dem heiligen Georg (siehe S. 41).

**Krypta der Santa Eulàlia 5**
Die große Krypta birgt den Alabaster-Sarkophag (1327; rechts) der hl. Eulàlia, der wichtigsten Schutzheiligen Barcelonas. Detailreiche Reliefs zeigen ihr Martyrium.

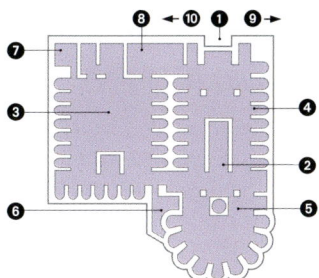

**(6) Capella de Sant Benet**
Die dem heiligen Benedikt, dem Schutzheiligen Europas, geweihte Kapelle zeigt das Altarbild *Verklärung Christi* des katalanischen Künstlers Bernat Martorell (1410–1453).

**(7) Capella de Santa Llúcia**
Die romanische Kapelle ist der Heiligen des Lichts und der Sehkraft geweiht. Am Gedenktag der Heiligen Llúcia (13. Dez; *siehe S. 41*) besuchen viele Blinde die Kapelle zum Gebet.

**(8) Capella del Santíssim i Crist de Lepant**
Die aus dem 15. Jahrhundert stammende Kapelle ist Crist de Lepant *(rechts)* gewidmet, der der Legende nach die Flotte der Christen in der Seeschlacht gegen die Osmanen anführte.

**(9) Pia Almoina & Gaudí Exhibition Center**
Die Pia Almoina aus dem 11. Jahrhundert, einst eine Herberge für Pilger und Arme, präsentiert interaktive Ausstellungen mit zahlreichen Exponaten zum Werk des großen spanischen Architekten.

**(10) Casa de l'Ardiaca**
Das Haus des Archidiakons wurde im 12. Jahrhundert in der Nähe des einstigen Bischofstores an der römischen Stadtmauer errichtet und in der Folgezeit erweitert. Heute besitzt es einen attraktiven begrünten Innenhof.

---

### Infobox

**Kathedrale:** Karte M3
■ Pl de la Seu ■ Metro: Jaume I ■ +34 933 428 262 ■ www.catedralbcn.org
■ Mo – Fr 9.30 – 18.30, Sa 9.30 – 17.30, So 14 – 17 Uhr ■ Eintritt 9 € (inkl. Liftfahrt und Besichtigung des Dachs); Kombiticket mit Diözesanmuseum 15 € ■ Führungen: Zeiten der Website entnehmen

**Casa de l'Ardiaca:** Karte M3
■ C/Santa Llúcia 1
■ Metro: Jaume I ■ Mo – Fr

9 – 20.45 Uhr (Juli, Aug: bis 19.30 Uhr), Sa 9 – 13 Uhr

**Gaudí Exhibition Center:** Karte N3 ■ Pla de la Seu 7
■ Metro: Jaume I, Liceu
■ März – Okt: tägl. 10 – 20 Uhr; Nov – März: tägl. 10 – 18 Uhr ■ Eintritt
■ &

■ Vom Café Estruch auf der Plaça de la Seu genießt man den Blick auf die Kathedrale.

■ In der Pia Almoina erhalten Sie Auskünfte zu Orgel- und Chorkonzerten.

**Kurzführer**
Der eindrucksvollste Zugang zur Kathedrale ist das Hauptportal an der Plaça de la Seu. Vom Eingang aus links liegen eine Reihe von Kapellen, die Orgel und die Lifte, mit denen man zur Aussichtsplattform gelangt. Genießen Sie von dort den Blick über das Barri Gòtic. Die Casa de l'Ardiaca liegt rechts vom Haupteingang (Carrer de Santa Llúcia 1), das Gaudí Exhibition Center im linken Seitengebäude.

# TOP 10 ★ Museu Nacional d'Art de Catalunya

Das Museum (MNAC) besitzt eine der weltweit bedeutendsten Sammlungen mittelalterlicher Kunst. Es ist im 1929 erbauten Palau Nacional untergebracht. Ein Höhepunkt ist die Abteilung für romanische Kunst mit Interieurs von Pyrenäenkirchen aus dem 11. und 12. Jahrhundert. Die Thyssen-Bornemisza-Sammlung zeigt Werke der Gotik und des Rokoko, zur Cambó-Stiftung gehören Gemälde von Rembrandt und Zurbarán.

### 1 *Thronende Madonna der Ratsherren*

Das an politischer Symbolik reiche Werk schuf Lluís Dalmau 1443 für den Stadtrat: Die Räte knien, von Heiligen und Märtyrern gestützt, vor der Madonna auf dem Thron.

### 2 Wandbild: Santa Maria de Taüll

Das Interieur (um 1123) verdeutlicht die außerordentlich farbenfrohe Gestaltung romanischer Kirchen. Die Motivik konzentriert sich vor allem auf die Jugend Jesu.

### 3 Cambó-Nachlass

Der katalanische Politiker Francesc Cambó (1876–1947) vermachte Katalonien seine riesige Kunstsammlung. Zwei Säle zeigen die Werke (16. bis frühes 19. Jh.), darunter Tiepolos Bild *Das Menuett* (1756; *oben*).

### 4 Thyssen-Bornemisza-Sammlung

Zu der exzellenten Auswahl von Gemälden aus der großen Sammlung des Barons Thyssen-Bornemisza gehören Fra Angelicos *Madonna der Bescheidenheit* (1433–35) und eine bezaubernde *Madonna mit Kind* (um 1618; *links*) von Rubens.

### 5 Fresken: Sant Climent de Taüll

Das Interieur der Kirche zeigt Einflüsse aus Frankreich, Byzanz und Italien. Das Fresko Christus Pantokrator *(unten)* sowie die Symbole der Evangelisten und der Muttergottes über den Aposteln beherrschen die Apsis.

### 7 Picasso: Frau mit Hut und Pelzkragen

Die außergewöhnliche Darstellung seiner Geliebten Marie-Thérèse Walter bezeugt die persönliche Bildsprache des Malers jenseits von Kubismus und Surrealismus, die als Picasso-Stil bekannt wurde.

### 9 Mobiliar aus der Casa Batlló

Unter den edlen Möbelstücken des Modernisme befinden sich exzellente Arbeiten von Antoni Gaudí, etwa ein für Freunde entworfener doppelsitzig gekoppelter Holzstuhl.

### 6 Casas: Ramon Casas und Pere Romeu auf einem Tandem

Das Bild (oben) zeigt den Maler Casas mit seinem Freund Romeu. Gemeinsam eröffneten die beiden das berühmte Café Els Quatre Gats.

### 8 Kruzifix der Batlló-Majestas

Die Holzschnitzerei aus der Mitte des 12. Jahrhunderts stellt den gekreuzigten Christus mit offenen Augen und ohne sichtbares Leiden dar.

### 10 Münzsammlung

Die Exponate gehen bis ins 6. Jahrhundert v. Chr. zurück. Zu sehen sind Medaillen, Münzen (oben) u. a. aus der griechischen Kolonie Empúries, wo schon im 5. Jahrhundert v. Chr. Münzen geprägt wurden, und Banknoten, z. B. aus dem Italien des 15. Jahrhunderts.

**10** Münzsammlung

**6** Ramon Casas und Pere Romeu auf einem Tandem

**4** Thyssen-Bornemisza-Sammlung

**3** Cambó-Nachlass

**9** Mobiliar aus der Casa Batlló

**7** Frau mit Hut und Pelzkragen

**2** Wandbild: Santa Maria de Taüll

**1** Thronende Madonna der Ratsherren

**5** Fresken: Sant Climent de Taüll

**8** Kruzifix d. Batlló-Majestas

**Legende**
- Romanische Kunst
- Moderne Kunst: Zeichnungen, Drucke und Poster
- Gotische Kunst
- Renaissance und Barock
- Bibliothek

## Infobox

Karte B4 ▪ Palau Nacional, Parc de Montjuïc ▪ Metro: Espanya ▪ +34 936 220 360 ▪ www.museunacional.cat

▪ Mai – Sep: Di – Sa 10 – 20, So 10 – 15 Uhr; Okt – Apr: Di – Sa 10 – 18, So 10 – 15 Uhr

▪ Eintritt 12 € (frei: Sa ab 15 Uhr & 1. So im Monat,

Personen unter 16 & über 65 Jahren), Dachterrasse 2 €

▪ Kostenlose Führungen zu Wechselausstellungen (katalanisch 11 Uhr, spanisch 12.30 Uhr) ▪ ♿

▪ Von der Terrasse vor dem Haupteingang des Museums genießt man eine wundervolle Aussicht über die Stadt.

## Kurzführer

Der Cambó-Nachlass und die Thyssen-Bornemisza-Sammlung mit Werken von der Gotik bis zum Rokoko befinden sich im Erdgeschoss. Der erste Stock beherbergt die Ausstellung moderner Kunst sowie die Fotografie- und Münzsammlungen.

# TOP 10 ★ Park Güell

Konzipiert wurde der Park Güell zwischen 1900 und 1914 als Gartenstadt. Gaudís Auftraggeber, Eusebi Güell, hatte elegante Villen, Gartenanlagen und öffentliche Plätze vor Augen. Das Projekt platzte, nur zwei Häuser wurden fertig, 1926 musste man den Grund an die Stadt verkaufen. Im öffentlichen Park sieht man heute, wie Gaudí hier seiner Fantasie freien Lauf lassen konnte: Pavillons, Treppen, der Hauptplatz mit Mosaikenbank und die Markthalle mit den vielen Säulen faszinieren.

### Casa del Guarda ④
Zwei Pförtnerhäuser *(rechts)* bewachen wie Hexenhäuschen den Eingang zum Park. Eines davon gehört heute zum Museu d'Història de Barcelona (MUHBA) *(siehe S. 78)* und zeigt eine Ausstellung zur Geschichte des Park Güell.

### ① Sala Hipòstila
Insgesamt 84 klassische Säulen *(oben)* – ungewöhnlich konventionell für Gaudí – tragen das Dach der offenen Halle, die als Markthalle geplant war. In die Decke sind Sonnenmosaiken von Jujol eingearbeitet.

### ② Mosaikenbank
Josep Maria Jujol war einer der begabtesten Mitarbeiter Gaudís. Er schuf die farbenfrohen Trencadís-Mosaiken der Bank, die sich wie eine Schlange auf drei Seiten der Plaça de la Natura windet und Künstler von Miró bis Dalí inspirierte.

### ③ Jardins d'Austria
Diese schön angelegten, gepflegten Gärten stammen aus den 1970er Jahren und sind vor allem im Frühling eine Pracht. Ursprünglich sollte an dieser Stelle eine Villa stehen.

### ⑤ L'Escalinata del Drac
Wasser rinnt aus dem Mund des vielfarbigen Drachen, der die Treppe bewacht und zum Emblem des Parks wurde. Darüber ist ein brauner, geschmückter Dreifuß, darunter ein weiterer Brunnen in Form eines Schlangenkopfs.

### ⑥ Viadukte
Gaudí entwarf drei Viadukte *(unten)*, die als Wege durch den teilweise sehr hügeligen Park dienen sollten. Gestützt werden sie von Bogen, die an Wellen erinnern, und von Säulen, die wie Bäume an den steilen Hügeln wachsen.

### ⑦ Plaça de la Natura
Vom Hauptplatz mit der Mosaikenbank überblickt man einen Teil des Parks. Der Platz sollte das Zentrum des sozialen Lebens bilden und wurde auch für Theateraufführungen konzipiert, die man von den umliegenden Terrassen betrachten sollte.

## ⑨ Pòrtic de la Bugadera

Den Stützpfeiler für einen der vielen angelegten Wege im Park bildet die aus vielen Einzelsteinen geformte La Bugadera (die Wäscherin), die einen Korb mit Wäsche auf ihrem Kopf trägt *(links)*.

Park Güell

### Unrealisierte Ideen

Weil der wirtschaftliche Erfolg von Eusebi Güells Gartenstadt ausblieb, konnten viele Ideen und Projekte Gaudís nicht verwirklicht werden. Einer der kühnsten Entwürfe war ein riesiges Eingangstor, dessen Flügel von einem Paar mechanischer Gazellen geöffnet und geschlossen werden sollten.

## ⑩ Turó de les Tres Creus

Drei Kreuze krönen den Gipfel des Hügels und markieren den Platz, an dem Gaudí und Güell, beide sehr gläubige Menschen, eine Kapelle bauen wollten. Wer den Hügel erklimmt, wird mit einer überwältigenden Aussicht belohnt.

## ⑧ Casa Museu Gaudí

In diesem Haus lebte Gaudí, bevor er in die Sagrada Família zog. Hier kann man Originalmöbel sehen, die er entwarf. Das Haus liegt außerhalb der Zona Monumental (www.casamuseugaudi.org).

### Infobox

Karte C1 ■ C/ d'Olot s/n
■ Metro: Vallcarca, Lesseps
■ +34 934 091 831
■ www.parkguell.cat

■ Apr – Okt: tägl. 9.30 – 19.30 Uhr (Juli & Aug ab 9); Nov – Mitte Feb: tägl. 9.30 – 17.30 Uhr; Mitte Feb – März: tägl. 9.30 – 18

■ Eintritt (nur zur Zona Monumental, das restliche Gelände ist kostenfrei zu besichtigen) 10 €; frei für Kinder unter 6 Jahren, ermäßigt 7 € für Kinder unter 12 & Senioren über 65 Jahren. Casa del Guarda ist im Eintritt enthalten, für Casa Museu Gaudí (Sa, So) ist ein Extraticket erforderlich (5,50 €).

■ Beachten Sie, dass der Zutritt zur Zona Monumental nur in dem Zeitfenster, für das Ihr Ticket gilt, möglich ist. Sie sind an diesen Slot gebunden, andernfalls verfällt Ihre Eintrittskarte.

■ Rund um den Park Güell gibt es nur wenige Möglichkeiten zum Essen. Auf dem Parkgelände befinden sich ein paar Picknickplätze mit Tischen.

■ Es gibt drei kleine Spielplätze mit Schaukeln und Rutschen.

■ Die Eintrittskarte kauft man online oder am Automaten am Eingang.

**Folgende Doppelseite** Klassizistische Häuser und Palmen prägen die Plaça Reial

# TOP 10 ⭐ Casa Milà (La Pedrera)

Das 1912 vollendete, wellenartig geformte Wohnhaus mit dem faszinierend gestalteten Dach und den kunstvollen Schmiedeeisenarbeiten ist eines der beeindruckendsten Werke Gaudís. Die auch als La Pedrera (»der Steinbruch«) bekannte Casa Milà war der letzte Profanbau, den Gaudí errichtete, bevor er den Rest seines Lebens der Sagrada Família widmete. Das Gebäude umfasst das Zentrum Espai Gaudí, einen Ausstellungssaal, eine Schauwohnung, Innenhöfe und das Dach. Selbst das kleinste Detail verrät Gaudís visionäre Genialität.

### 1 Fassade & Balkone
Die kühn geschwungenen Wände der Casa Milà scheinen der Schwerkraft zu trotzen. Sie werden von Balken gestützt, die an unsichtbaren Trägern befestigt sind. Die schmiedeeisernen Balkone *(unten)* bezeugen hohes handwerkliches Können.

### 4 Dach
In der surreal wirkenden Skulpturenlandschaft auf dem Dach stehen Schornsteine wie mittelalterliche Krieger *(unten)* und zu bizarren abstrakten Formen verdrehte Entlüftungsrohre *(rechts)*. Der Blick auf Eixample ist sehr schön.

### 2 Espai Gaudí
Zeichnungen, Fotos, Modelle und Multimedia-Darstellungen machen Gaudís Fantasie und sein architektonisches Genie nachvollziehbar. Das Zentrum befindet sich in dem mit 270 Backsteinbogen atemberaubend gestalteten Dachgeschoss.

### 6 Ausstellungssaal
In dem von der Fundació Catalunya La Pedrera betreuten Galeriebereich des Hauses sind regelmäßig Kunstausstellungen zu sehen, u.a. Werke von Marc Chagall, Salvador Dalí und Francis Bacon. Die Decke *(unten)* besticht durch ihre einzigartige Farbenpracht.

### 3 Innenhof: Carrer Provença

Bei Führungen gelangen täglich zahllose Besucher in den Innenhof. Die wunderbaren Mosaiken und Wandgemälde, die die märchenhafte Wendeltreppe schmücken, lohnen die genauere Betrachtung.

### 5 Tore
Die meisterhafte Gestaltung der schmiedeeisernen Tore belegt den Einfluss von Gaudís Vorgängern – vier Generationen von Kunsthandwerkern. Gaudí setzte bei vielen seiner Bauwerke Eisen ein.

### ⑧ El Pis de La Pedrera

Die im Modernisme-Stil eingerichtete Schauwohnung *(links)* rekonstruiert eine bürgerliche Wohnung im Barcelona des späten 19. Jahrhunderts. Hier wird der Kontrast zwischen dem Konservativismus der Mittelklasse und der fantasievollen Architektur des Gebäudes sichtbar.

### ⑦ Innenhof: Passeig de Gràcia

Wie im Innenhof am Carrer Provença ist auch das Treppenhaus *(unten)* reich ausgeschmückt. Das Gemälde an der Decke zeigt ein Blumenmuster.

### ⑨ Auditorium

Im Auditorium im ehemaligen Kutschenhaus finden regelmäßig Konferenzen und Konzerte statt. Der angrenzende Garten ist eine wahre Idylle und sorgt für einen bezaubernden Blick ins Grüne.

**Infobox**

Karte E2 ▪ Pg de Gràcia 92 ▪ Metro: Diagonal ▪ +34 932 142 576 ▪ www.lapedrera.com

▪ März – Okt, 26. Dez – 3. Jan: tägl. 9 – 20.30 Uhr; Nov – Feb: tägl. 9 – 18.30 Uhr (außer 26. Dez – 3. Jan); Termine für Führungen der Website entnehmen.

▪ Eintritt 25 € (inkl. Audioguide; frei für Kinder unter 6 Jahren und Senioren über 65 Jahren); Reservierung erforderlich

▪ Die Website www. lapedrera.com bietet Informationen über hier stattfindende Wechselausstellungen.

▪ Erkunden Sie La Pedrera am besten bei Führungen spät am Abend oder früh am Morgen.

▪ Tickets für die Show La Pedrera Night Experience (März – Okt: tägl. 21 – 23 Uhr; Nov – Feb: tägl. 19 – 21 Uhr) gibt es für 35 € (frei für Kinder unter 6 Jahren).

**Kurzführer**

El Pis de La Pedrera (La Pedrera Apartment, 4. Stock), Espai Gaudí (Dachgeschoss) und das Dach sind mit dem Lift erreichbar. Zum Ausstellungssaal kommt man vom Hof am Pg de Gràcia. Innenhöfe und Aufgänge, Café und Laden sind über den Eingang an der Ecke Pg de Gràcia und C/ Provença zugänglich.

### ⑩ Souvenirladen & Café

Zu den zahlreichen Gaudí-Souvenirs zählen Nachbildungen der Kamine in Keramik und Bronze.

# TOP10 ⭐ Fundació Joan Miró

Das Museum widmet sich dem katalanischen Künstler, dessen Vermächtnis in der ganzen Stadt zu sehen ist. Es wurde 1975 von Miró (1893–1983) selbst gegründet. Von rund 10 000 Gemälden, Skizzen und Skulpturen, die das Museum besitzt, sind ca. 400 ausgestellt. Sie belegen Mirós Entwicklung von der surrealistischen Phase in den 1920er Jahren bis zum Status als einer der weltweit führenden Meister in den 1960er Jahren.

**1** *Tapis de la Fundació*

Der riesige Wandteppich *(unten)* kennzeichnet den Höhepunkt von Mirós Arbeit mit Textilien, die in den 1970er Jahren begann. Der Teppich zeigt eine für das Werk Mirós charakteristische Farbintensität.

**2** *Pagès català al clar de lluna*

Das symbolische Gemälde *Katalanischer Bauer im Mondschein (rechts)* aus den späten 1960er Jahren zeigt zwei der von Miró bevorzugten Sujets: Erde und Nacht. Die Gestalt des Bauern, eine einfache Farbcollage, ist kaum auszumachen: Die Mondsichel geht in die Sichel des Bauern über, während der Nachthimmel die sattgrünen Farbtöne auf der Erde annimmt.

**3** *L'estel matinal*

Das Gouache-Bild *Der Morgenstern* ist ein zentraler Teil der sehenswerten Serie *Konstellationen*, zu der insgesamt 23 Werke von Joan Miró gehören. Das Bild spiegelt die Stimmung des Künstlers beim Ausbruch des Zweiten Weltkriegs wider, als er gezwungen war, sich in der Normandie zu verstecken: Vögel, Frauen und Himmelskörper im leeren Raum.

**4** *Home i dona davant un munt d'excrements*

Zwei Figuren wollen sich vor einem schwarzen Himmel umarmen. Der in *Mann und Frau vor einem Kothaufen* erkennbare Pessimismus Mirós bewahrheitete sich durch den Ausbruch des Spanischen Bürgerkriegs.

### 9 Terrassen- garten

Auf der Terrasse *(links)* stehen Skulpturen Mirós, u. a. die drei Meter hohe *Liebkosung eines Vogels* (1967). Besucher genießen die Wirkung des von Josep Lluís Serts im Stil des Rationalismus gestalteten, geometrischen Gebäudes.

### 5 Font de mercuri

Den *Merkur-Brunnen* schenkte Alexander Calder der Fundació als Zeichen seiner Freundschaft mit Miró. Das Werk ist eine Würdigung des Antifaschismus im Gedenken an den Angriff auf Almadén.

### 10 Skulpturenraum

Der Saal *(unten)* zeigt Plastiken, die Miró Mitte der 1940er bis Ende der 1950er Jahre schuf. Der Künstler experimentierte mit Keramik, Bronze, bemalten Materialien und Fundobjekten. Sehen Sie sich *Sonnenvogel und Mondvogel* (1946 – 49) an.

### 6 Espai 13

Die Abteilung präsentiert experimentelle Arbeiten junger Künstler aus aller Welt. Die jährlich wechselnden Ausstellungen zu einem Thema sind oft radikal progressiv und schöpfen neue Techniken aus.

### 7 Sèrie Barcelona

Die Fundació besitzt den einzigen vollständigen Satz von Drucken der Serie aus 50 Schwarz-Weiß-Lithografien. Die bedeutende Sammlung wird nur selten gezeigt.

### 8 Wechsel- ausstellungen

Die meist im Westflügel gezeigten Wechselausstellungen im Lauf der vergangenen Jahre Retrospektiven von herausragenden Künstlern wie Mark Rothko, Andy Warhol, René Magritte und Fernand Léger.

**Infobox**

Karte B5 ■ Av Miramar, Parc de Montjuïc ■ Metro: Paral·lel, dann Funicular de Montjuïc ■ +34 934 439 470 ■ www.fmirobcn.org

■ Apr – Okt: Di – Sa 10 – 20, So 10 – 18 Uhr; Nov – März: Di – So 10 – 18 Uhr

■ Eintritt (für Sammlung und Wechselausstellungen) 13 €, Schüler, Studenten bis 30 Jahre und Senioren über 65 Jahren 7 €. Espai 13: freier Eintritt ■ &

■ Das Restaurant-Café mit Gartenterrasse zählt zu den besten in diesem Viertel.

■ Im Auditorium der Fundació finden im Sommer – meist donnerstagabends – Konzerte mit experimenteller Musik statt.
■ Der Souvenirladen bietet Objekte im Miró-Design, von Sektgläsern bis zu Tischdecken.

**Col·lecció Katsuta**
Der Erweiterungsbau birgt 34 Werke von Joan Miró aus Privatsammlungen. Sie sind eine Leihgabe von Kazumasa Katsuta, einem japanischen Geschäftsmann, der die weltweit größte Privatsammlung von Joan Mirós Werken besitzt, an das Museum.

# 🔟⭐ Museu Picasso

Das Museum ehrt den gefeiertsten Künstler des 20. Jahrhunderts. Die weltweit größte Sammlung des Frühwerks von Pablo Picasso (1881–1973) vollzieht dessen prägende Jahre nach. Schon der zehnjährige Picasso zeigte bemerkenswerte künstlerische Neigungen. Im Alter von 14 Jahren zog er mit seiner Familie nach Barcelona, wo er sich als Künstler entfaltete. Von Zeichnungen in Schulheften und Familienporträts bis zu Werken der Blauen und der Rosa Periode bietet das Museum Gelegenheit, der künstlerischen Entwicklung nachzuspüren.

**1** *Home amb boina*
Die Pinselstriche und das Sujet sind für einen 13-Jährigen höchst ungewöhnlich. Statt mit Hunden oder Autos zu spielen, suchte Picasso die ältesten Männer im Dorf und malte sie. Picasso signierte das Porträt mit P Ruiz, da er zu jener Zeit noch den Familiennamen seines Vaters trug.

**4** *L'Espera (Margot) & La Nana*
Der Einfluss des Pointillismus auf Picasso zeigt sich in *L'Espera*, der Darstellung eines auf Kunden wartenden Freudenmädchens, und in *La Nana (links)*, dem Bild einer trotzig blickenden, geschminkten Tänzerin.

**5** *El Foll*
Die Darstellung eines Geisteskranken entstammt der Blauen Periode. Die künstlerische Phase (1901–1904) ist durch melancholische Themen und düstere Farben gekennzeichnet.

**2** *Autoretrat amb perruca*
Als 14-Jähriger malte Picasso Selbstporträts. Das Bildnis mit Perücke zeigt ihn, wie er in der Zeit seines Vorbilds Velázquez ausgesehen haben mochte.

**3** *Ciència i caritat*
Das Gemälde war eines der ersten Picassos, die öffentlich ausgestellt wurden. Picassos Vater stand als Arzt Modell.

**6** *Speisekarte von Els Quatre Gats*
Picassos erste Ausstellung in Barcelona fand 1900 im Café Els Quatre Gats im Barri Gòtic statt. Sein erster Auftrag war eine Federzeichnung, die den Maler und seine Künstlerfreunde mit Zylinderhüten zeigt. Das Bild zierte die Speisekarte des Boheme-Lokals *(links)*.

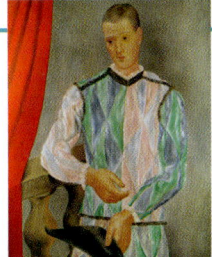

**8** **Arlequí**
Ab 1905 beginnt Picassos Rosa Periode. Im Bild von 1917 *(links)* ist ein Spaßmacher aus der Commedia dell'Arte dargestellt, bei dem man nicht weiß, ob er nachdenklich oder heiter ist.

**7** **Las Meninas**
Picassos Verehrung für Velázquez erreichte mit der Serie von Bildern, die sich mit dessen Werk *Las Meninas* beschäftigte, ihren Höhepunkt *(unten)*.

**9** **Home assegut**
Gemälde wie *Home assegut (oben)* untermauerten Picassos Rang als größter kubistischer Maler des 20. Jahrhunderts.

**10** **Cavall banyegat**
Das verängstigte Pferd in dieser Skizze taucht später in Picassos Bild *Guernica*, das die Schrecken des Krieges verdeutlicht, wieder auf. Das Werk ermöglicht es, den kreativen Vorgang zu verfolgen, der Picassos berühmtestes Gemälde entstehen ließ.

### Infobox

Karte P4 ■ C/ Montcada 15–23 ■ Metro: Jaume I, Arc de Triomf, Liceu ■ +34 932 563 000 ■ Di–So 10–20 Uhr ■ www.museupicasso. bcn.cat

■ Eintritt 12 €, ermäßigt 7 €; Wechselausstellungen 6,50 €, ermäßigt 4,50 €; Do ab 17 Uhr & 1. So im Monat frei). Tickets müssen vorab über die Website gebucht werden.

■ Führungen: Di 15 & 16 Uhr, So 11 Uhr (engl.), So 12.30 Uhr (spanisch); Reservierung über Website oder unter Tel. +34 932 563 022 erforderlich

■ Das Museumscafé bietet eine wechselnde Mittagskarte und im Sommer Tische im Freien.

### Kurzführer

Das Museum nimmt fünf miteinander verbundene mittelalterliche Paläste mit baumbestandenen Innenhöfen ein. Die chronologisch angeordnete Dauerausstellung hängt in den ersten drei Palästen. Wechselausstellungen mit modernen Künstlern sind in den anderen beiden Palästen zu sehen.

# TOP 10 ⭐ Palau de la Música Catalana

Mit dem von Lluís Domènech i Montaner entworfenen Konzertsaal (1905–08) erreichte der Modernisme in Barcelona seinen Höhepunkt. Die mit Mosaiksäulen und Backsteinbogen gestaltete Fassade bietet einen Vorgeschmack auf die beeindruckenden Innenräume: Im Foyer erblüht Domènechs »Garten der Musik« – Wände, Säulen und Geländer sind reich mit Blumenmotiven verziert. Generell dominieren Licht und natürliche Formen die Gestaltung des Konzertsaals. Den Höhepunkt bildet die Buntglaskuppel, die die Halle in goldenes Licht taucht.

**1** **Buntglas-Kuppeldecke**
Über dem Konzertsaal wölbt sich eine atemberaubende, nach innen gestülpte Buntglaskuppel. Tagsüber fällt das Licht durch das gelb und rötlich orange gefärbte Glas *(unten)*.

**4** **Buntglasfenster**
Um die Grenzen zwischen außen und innen verschwimmen zu lassen, versah Domènech i Montaner den Konzertsaal mit Buntglasfenstern, die Blumenmotive haben. Je nach Tageszeit fällt mehr oder weniger Sonnenlicht in den Saal.

**2** **Probenraum des Orfeó Català**
Der halbrunde Probenraum des renommierten Chores ist eine kleinere Variante des ein Stockwerk höher gelegenen Konzertsaals. Der in der Raummitte eingelassene Grundstein erinnert an den Bau des Palau de la Música Catalana.

**5** **Pferdeskulpturen**
Die von Eusebi Arnau gefertigten Skulpturen geflügelter Pferde an der Decke des Konzertsaals sind Elemente voller Dynamik. Auch Wagners *Walkürenritt* ist dargestellt – die vor den Wagen gespannten Rosse galoppieren in Richtung Bühne.

**6** **Fassade**
Die hoch aufstrebende Fassade *(oben)* ist reich mit Modernisme-Elementen verziert. Ein kunstvolles Mosaik steht für den 1891 gegründeten Chor Orfeó Català.

**Bühne** **3**
Die halbkreisförmige Hauptbühne *(rechts)* ist auch ohne Vorstellung voller Betriebsamkeit: Aus dem Bühnenprospekt springen 18 aus Trencadís und Terrakotta gefertigte Musenfiguren hervor.

### ⑦ Büsten

Eine Büste des katalanischen Komponisten Josep Anselm Clavé (1824–1874) würdigt die Verdienste des Palau um die Musik Kataloniens. Gegenüber repräsentiert eine Büste Beethovens *(links)* das klassische Repertoire.

### ⑧ Foyer & Bar

Modernisme-Architekten arbeiteten mit Keramik, Stein, Holz und Glas. Lluís Domènech i Montaner setzte diese Materialien im Foyer üppig ein.

### ⑨ Lluís-Millet-Saal

Der nach dem Komponisten Lluís Millet i Pagès (1867–1941) benannte Saal mit den Buntglasfenstern ist nahezu perfekt erhalten. Auf dem äußeren Hauptbalkon stehen Reihen von Mosaiksäulen, jede mit einem anderen Muster *(oben)*.

### Konzert & Tanz ⑩

Jedes Jahr werden rund 500 Konzerte und Tanzvorführungen veranstaltet. Ein Besuch ist auf jeden Fall ein unvergessliches Erlebnis. Die Reihe Palau 100 bietet Symphoniekonzerte. Für den Chor Orfeó Català ist eine eigene Programmreihe angesetzt *(rechts)*.

---

### Infobox

Karte N2 ■ C/ Sant Pere Més Alt ■ Metro: Urquinaona ■ +34 932 957 200 ■ www.palaumusica.cat

■ Führungen: tägl. 10–15.30 Uhr (Ostern & Juli: 10–18 Uhr; Aug: 9–18 Uhr) jede halbe Stunde; Reservierung empfohlen; Gebühr 20 €, ermäßigt 12 € (Kinder unter 10 Jahren frei); Besichtigung ohne Führung möglich, siehe Website

■ Auf der Terrasse des Café Palau gibt es oft kostenlose Darbietungen.

■ Der Shop bietet eine große Auswahl an Souvenirs (auch für Kinder).

■ Tickets für Konzerte und Führungen erhalten Sie online sowie an den Kartenschaltern: C/ Sant Pere Més Alt (tägl. 8.30–15.30 Uhr) bzw. C/ Palau de la Música 4–6 (tägl. 9.30–15.30 Uhr).

### Orfeó Català

Der berühmte, 90 Personen starke Chor Orfeó Català, für den der Saal ursprünglich gebaut wurde, tritt regelmäßig hier auf. Vor allem für das Konzert am 26. Dezember sollte man frühzeitig Karten kaufen.

# TOP10 ⭐ Museu d'Art Contemporani & Centre de Cultura Contemporània

Das Gebäude des Museums moderner Kunst steht in kühnem Kontrast zu seiner Umgebung. Zusammen mit dem Centre de Cultura Contemporània (CCCB) ist das Museu d'Art Contemporani (MACBA) seit der Eröffnung 1995 Mittelpunkt des modernen Barcelona. Der Bau war ein zentrales Element bei der Verjüngung von El Raval. Die Dauerausstellungen des MACBA zeigen spanische und internationale zeitgenössische Künstler, Wechselausstellungen reichen von Malerei bis Installationen. Das CCCB ist ein kultureller Begegnungsort am Puls der Zeit.

### Fassade ①

Der US-amerikanische Architekt Richard Meier schuf eine weiße Fassade *(rechts)*, die sich markant von der architektonisch eher eintönigen Umgebung abhebt. In Hunderten von Glasscheiben spiegeln sich Passanten und die Skateboardfahrer, die sich vor dem Museum treffen.

### ② Gastausstellungen

Dieser Bereich, der ganz aktuelle Werke zeigt, ist Kernstück des MACBA. Hier begegnet man den spannendsten Protagonisten der zeitgenössischen Kunst.

### ③ Rotierende Dauerausstellung

Von den über 2000 modernen Kunstwerken des Bestands können nur jeweils zehn Prozent ausgestellt werden. Alle wichtigen neueren Kunstströmungen sind vertreten. Unten abgebildet ist *Homea* (1974) von Eduardo Arranz-Bravo.

### ④ Innere Korridore

Licht und Weite prägen die Gänge und Rampen zwischen den einzelnen Stockwerken *(links)*. Werfen Sie durch die Glasfronten einen Blick hinaus auf die Plaça dels Àngels, bevor Sie einen neuen Ausstellungsbereich betreten.

### ⑧ *Rinzen (Despertar sobtat)*

Antoni Tàpies' zerlegtes Bett an der Wand (1992/93; *links*) mit dem japanischen Titel *Rinzen* (»Plötzliches Erwachen«) gehört zu den wenigen permanent ausgestellten Werken. Die Position beim Haupteingang unterstreicht Tàpies' Bedeutung als Schlüsselfigur der katalanischen Moderne.

### ⑤ Capella MACBA

Eine der wenigen verbliebenen Renaissancekapellen der Stadt wird heute für Wechselausstellungen genutzt. Sie befindet sich in einem ehemaligen Kloster gegenüber der Plaça dels Àngels *(siehe S. 87)*.

### ⑨ Raum zum Nachdenken & Lesen

Die zwischen den Galerien des MACBA aufgestellten weißen Ledersofas sind angenehm. In der Nähe befinden sich meist Regale mit einschlägigen Büchern und Kopfhörern, sodass man entspannen und nachdenken kann.

### ⑩ Wechselausstellungen/ CCCB

Anders als im MACBA orientieren sich die Ausstellungen im CCCB eher an Themen als an einzelnen Künstlern. Das Zentrum überrascht stets mit den aktuellsten Kunstströmungen. Jährlich finden im CCCB die Ausstellung der World Press Photo Foundation und mehrere Literaturveranstaltungen statt.

### El Pati de les Dones/CCCB ⑥

Der Innenhof *(rechts)* am Carrer de Montalegre gehört zum CCCB. In der Prismenwand spiegelt sich das Gebäude aus dem 18. Jahrhundert. Das Nebeneinander der verschiedenen Architekturstile hat eine fantastische Wirkung.

### ⑦ Plaça Joan Coromines

Der Kontrast zwischen dem MACBA, dem Universitätsgebäude, dem CCCB im toskanischen Stil und der neuromanischen Kirche (19. Jh.) macht den Platz zu einem der bezauberndsten der Stadt. Die Terrasse des Museumsrestaurants ist einladend.

---

#### Infobox

**MACBA:** Karte K2
■ Pl dels Àngels ■ Metro: Universitat, Catalunya, Liceu ■ +34 934 813 368
■ www.macba.cat

■ Mo, Mi – Sa 10 – 20, So 10 – 15 Uhr

■ Eintritt 11 €, ermäßigt 8,80 €, Kinder unter 14 & Senioren über 65 Jahren frei

**CCCB:** Karte K1
■ C/ Montalegre 5
■ Metro: Universitat, Plaça Catalunya
■ +34 933 064 100
■ www.cccb.org

■ Di – So 11 – 20 Uhr

■ Eintritt 6 €, ermäßigt 4 €, Kinder unter 12 Jahren frei; So ab 15 Uhr frei

■ Für eine Pause eignen sich das Café Doña Rosa (C/ Ferlandina) und die Terracccita Bar im CCCB.
■ Das MACBA bietet auch Führungen in Zeichensprache oder für Sehbehinderte an.

- - - - - - - - - - - - - -

#### Kurzführer

MACBA und CCCB haben getrennte Eingänge, obwohl beide am Hof der Plaça Joan Coromines liegen. Das CCCB erreicht man vom C/ Montalegre, das MACBA von der Plaça dels Àngels aus. Beide Gebäude haben variable Ausstellungsbereiche. Besonders im MACBA findet man zahlreiche Ruhebereiche, im CCCB lädt der Espai Audiovisual zum Verweilen ein.

# Themen

**Modernisme-Fassade der Casa Vicens
(1885) – ein Werk von Antoni Gaudí**

# TOP 10 Historische Ereignisse

### ① Um 230 v. Chr.: Stadtgründung

Der Karthager Hamilkar Barkas gründete Barcino. Die Stadt wurde 218 v. Chr. von den Römern erobert, besaß jedoch geringeren Stellenwert als die Provinzhauptstadt Tarragona.

### ② 4. bis 11. Jh.: Frühe Invasionen

Während des Zerfalls des Römischen Reiches im 5. Jahrhundert nahmen die Westgoten die Stadt ein, im 8. Jahrhundert kamen die Mauren. Um 800 eroberte Karl der Große die Region.

### ③ 12. bis 15. Jh.: Mittelalter

Im Mittelalter war Barcelona die Hauptstadt des katalanischen Reiches, das sich im Mittelmeerraum erstreckte. Der Reichtum gründete sich auf den Handel. Als das benachbarte Kastilien Länder in der Neuen Welt kolonisierte, änderten sich die Handelswege. Katalonien wankte. Barcelona erlebte einen Niedergang und geriet unter kastilische Oberhoheit.

### ④ 1638–1652: Katalanische Revolte

Gegen die Unterdrückung durch das nun von den Habsburgern regierte Madrid erhoben sich regionale Gruppen, die sich »Els Segadors« (»Die Schnitter«) nannten. Die Kämpfe dauerten von 1640 bis 1652, als die Katalanen und ihre französischen Verbündeten geschlagen wurden. Das Lied *Els Segadors* ist übrigens seit 1931 die offizielle Nationalhymne Kataloniens.

### ⑤ 19. Jahrhundert: Industrie & Wohlstand

Der Aufschwung der Industrie und des Handels mit Amerika ließen die Stadt wieder erstarken. Viele Landbewohner zogen zu und legten die Basis für den Wohlstand. Die Stadtmauern wurden abgerissen, in Eixample Boulevards angelegt.

**Poster zur Weltausstellung 1929**

### ⑥ 1888–1929: Renaixença

Der neue Reichtum, der sich nicht zuletzt in den beiden Weltausstellungen von 1888 und 1929 zeigte, löste eine katalanische Renaissance aus. Viele Modernisme-Bauten entstanden, das konservativnational gesinnte Bürgertum förderte die Wiederbelebung katalanischer Kultur.

### ⑦ 1909–1931: Jahre der Revolution

Unzufriedenheit gärte unter katalanischen Nationalisten, spanischen Faschisten, Kommunisten, Royalisten, Anarchisten, Republikanern und Arbeitern. 1909 führten Proteste gegen den Rifkrieg zu den blutigen Konfrontationen der Setmana Tràgica (»tragische Woche«). In der Zweiten Republik erhielt Katalonien 1931/32 Autonomie.

### ⑧ 1936–1975: Bürgerkrieg & Franco

Bei Ausbruch des Bürgerkriegs 1936 konnten Barcelonas Milizen Francos Truppen fernhalten, 1939 wurde die Stadt jedoch von den Faschisten eingenommen. Die nachfolgende Unterdrückung beinhaltete ein Verbot der katalanischen Sprache.

### ⑨ 1975–1980er Jahre: Weg zur Demokratie

Erst Francos Tod 1975 ermöglichte den Übergang zur Demokratie. Kata-

Franco bei einer Rede, 1939

lanisch wurde wieder als offizielle Sprache anerkannt, Katalonien erhielt regionale Autonomie. 1980 fanden die ersten Wahlen zur katalanischen Regionalregierung statt.

### ⑩ 1992 – heute: Olympische Spiele & Autonomie

Anlässlich der Olympischen Sommerspiele 1992 blühte Barcelona endgültig auf. 2006 konnte Katalonien den Autonomiestatus erweitern. Beim Referendum 2017 stimmte bei einer Wahlbeteiligung von 43 Prozent eine überwältigende Mehrheit für die Unabhängigkeit der Region Katalonien. Das Ergebnis wurde allerdings vom spanischen Verfassungsgericht aufgehoben, was die politische Krise weiter verschärfte.

Eröffnungsfeier Olympische Spiele 1992

**Historische Persönlichkeiten**

Ferdinand der Katholische

**1 Wilfried der Behaarte**
Der erste Graf von Barcelona († 897) gilt als Gründer Kataloniens.

**2 Ramon Berenguer IV.**
Er vereinte 1137 Katalonien und Aragón durch die Heirat mit Prinzessin Petronila.

**3 Jakob I. der Eroberer**
Der Kriegerkönig († 1276) eroberte die Balearen und Valencia und legte den Grundstock für das Reich.

**4 Ramon Llull**
Der Philosoph und Missionar († 1316) aus Mallorca gilt als der wichtigste katalanische Literat des Mittelalters.

**5 Ferdinand der Katholische**
Der König von Aragón und Katalonien († 1516) heiratete Isabella von Kastilien und beendete damit Kataloniens Unabhängigkeit.

**6 Francesca Bonnemaison**
Die Förderin der Frauenbildung gründete 1909 in Barcelona Europas erste Frauen vorbehaltene Bibliothek.

**7 Antoni Gaudí**
Der eigenwillige Architekt des Modernisme schuf die bedeutendsten Bauwerke Barcelonas, vor allem das Wahrzeichen, die Sagrada Família.

**8 Francesc Macià**
Der sozialistisch nationalistische Politiker rief 1931 die Katalanische Republik und 1932 ihre Unabhängigkeit aus.

**9 Lluís Companys**
Der katalanische Präsident ging während des Bürgerkriegs ins Exil nach Frankreich, wurde von der Gestapo an Franco ausgeliefert und hingerichtet.

**10 Ada Colau**
Mit der katalanischen Aktivistin wurde 2015 erstmals eine Frau zur Bürgermeisterin Barcelonas gewählt.

#  Kirchen & Kapellen

## ① Kathedrale

Das prachtvolle gotische Gotteshaus besitzt eine auffällige Fassade und einen beschaulichen Kreuzgang *(siehe S. 18f)*.

## ② Basílica de Santa Maria del Mar

Die Kirche (1329–83) zählt zu den schönsten Bauwerken der katalanischen Gotik. Ihr Stil ist von maßvoller Schlichtheit geprägt. Durch das Buntglas-Rosettenfenster dringt farbiges Licht in den Innenraum *(siehe S. 78f)*.

Rosettenfenster, Basílica de Santa Maria del Mar

## ③ Temple Expiatori del Sagrat Cor

Karte B1 ▪ Pl del Tibidabo ▪ +34 934 175 686 ▪ tägl. 11–21 Uhr ▪ Gebühr für Lift

Die neugotische Kirche (1902–51) zum Heiligen Herz Jesu ragt auf dem 512 Meter hohen Tibidabo auf. Der Name des Bergs (lateinisch *tibi dabo* = »ich werde dir geben«) geht auf ein Bibelzitat zurück, das die Versuchung Christi durch den Teufel schildert. Gekrönt wird die Kirche von einer Christusfigur mit ausgebreiteten Armen. Ein Lift bringt Sie zur Aussichtsplattform *(siehe S. 119)*.

## ④ Església de Sant Pau del Camp

Das Benediktinerkloster wurde im 9. Jahrhundert von Graf Wilfried II. von Barcelona gegründet und im 10. Jahrhundert umgebaut. Schöne Steinmetzarbeiten zieren die Fassade, romanische Rundbogen den beschaulichen Kreuzgang *(siehe S. 89)*.

## ⑤ Església de Sant Pere de les Puel·les

Karte P2 ▪ Pl de Sant Pere ▪ zu Gottesdiensten: Mo–Fr 19, Sa 17, So 11 & 12.30 Uhr

Die im Jahr 801 als Kapelle für in Barcelona stationierte Truppen errichtete Kirche war später ein Exerzitienort für Adelstöchter. Das im 12. Jahrhundert umgestaltete Gotteshaus ist wegen seiner markanten Kuppel und der Kapitelle mit gemeißeltem Blattwerk bekannt. Die beiden Steintafeln mit orthodoxen Kreuzen stammen aus der ursprünglichen Kapelle.

## ⑥ Capella de Sant Miquel & Església al Monestir de Pedralbes

Das Monestir de Pedralbes birgt einen gotischen Kreuzgang und die Capella de Sant Miquel mit eindrucksvollen Wandgemälden (1346) des katalanischen Künstlers Ferrer Bassa. Das bemerkenswerte Alabastergrabmal von Königin Elisenda, die das Kloster 1327 gründete, ist in der gotischen Klosterkirche zu sehen. Elisenda ist auf der Kirchenseite mit einer königlichen Robe dargestellt, auf der anderen Seite im Habit einer Nonne *(siehe S. 117)*.

Temple Expiatori del Sagrat Cor

### 7 Basílica de Santa Maria del Pi

**Karte L3** ■ Pl del Pi ■ Mo – Sa 11–18 ■ Eintritt ■

Die gotische Kirche (14. Jh.) hat prunkvolle Buntglasfenster. Das »Pi« im Namen steht für den Pinienbaum, der 1568 gepflanzt wurde.

### 8 Capella de Santa Àgata

**Karte N3** ■ Pl del Rei ■ Di – So 10 – 14, 15 – 20 Uhr ■ Eintritt (So 15 – 20 Uhr frei)

Die mittelalterliche Kapelle im Palau Reial enthält ein Altarbild aus dem 15. Jahrhundert von Jaume Huguet. Santa Àgata ist nur im Rahmen eines Besuchs des Museu d'Història de Barcelona *(siehe S. 78)* zu besichtigen.

### 9 Capella de Sant Jordi

**Karte M4** ■ Pl Sant Jaume ■ +34 610 625 837 ■ Öffnungszeiten telefonisch erfragen

Im Palau de la Generalitat *(siehe S. 77)* findet man die dem hl. Georg geweihte Kapelle aus dem 15. Jahrhundert.

Innenraum der Església de Betlem

### 10 Església de Betlem

La Rambla *(siehe S. 16f)* wurde einst von vielen Sakralbauten gesäumt, die meisten aus dem 17. und 18. Jahrhundert. Die schön restaurierte Església de Betlem ist eine der bedeutendsten heute noch genutzten Kirchen aus jener Zeit. Die Krippenausstellung in der Adventszeit ist berühmt *(siehe S. 17)*.

---

## Katalanische Heilige & Madonnen

Virgen del Montserrat

**1 Sant Jordi**
Der hl. Georg ist der Schutzpatron Kataloniens. Überall finden sich Darstellungen des Heiligen als Drachentöter. Sein Gedenktag ist der 23. April *(siehe S. 72)*.

**2 Virgen del Montserrat**
Die Schwarze Madonna ist Schutzheilige Kataloniens und Barcelonas.

**3 Virgen Mercè**
Die Gnadenreiche Jungfrau wurde 1637 Schutzheilige Barcelonas. Die ausgelassenen Festes de la Mercè *(siehe S. 73)* ehren die Heilige.

**4 Santa Eulàlia**
Santa Eulàlia war die erste Patronin Barcelonas kurz nach der römischen Stadtgründung 300 n. Chr.

**5 Santa Elena**
Der Legende nach wurde die hl. Helena zum Christentum bekehrt, nachdem sie im Jahr 346 das Kreuz Christi in Jerusalem gesehen hatte.

**6 Santa Llúcia**
Die Heilige des Lichts wird am 13. Dezember gefeiert. An diesem Tag pilgern die Blinden zur Capella de Santa Llúcia in Barcelonas Kathedrale *(siehe S. 18f)*.

**7 Sant Cristòfol**
Christophorus ist Schutzpatron der Reisenden. Anlässlich seines Festtags werden vor der Kapelle im Carrer Regomir *(siehe S. 80)* Fahrzeuge geweiht.

**8 Sant Antoni de Padua**
Am 13. Juni wenden sich Gläubige, die einen Ehepartner suchen, an den heiligen Franziskanermönch.

**9 Santa Rita**
Wer auf ein Wunder hofft, betet zu ihr.

**10 Sant Joan**
Die Johannisnacht am 23. Juni *(siehe S. 72)* wird mit Feuerwerken gefeiert.

# TOP 10 Museen

Gebäude de Fundació Joan Miró

**1 Fundació Joan Miró**
In den lichten, hohen Sälen des Museums sind kühne, abstrakte Werke Joan Mirós, eines der berühmtesten katalanischen Künstler, zu sehen *(siehe S. 28f)*.

**2 Museu Nacional d'Art de Catalunya**
Das im Palau Nacional (1929) ansässige eindrucksvolle Museum widmet sich dem romanischen und gotischen Erbe Kataloniens. Neben den mittelalterlichen Fresken beeindrucken die Möbel und Kunstwerke aus der Zeit des Modernisme *(siehe S. 20f)*.

**3 Museu Picasso**
In dem Museum, das eine der weltweit größten Sammlungen aus dem Frühwerk Picassos beherbergt, lässt sich die Entwicklung des Künstlers bis zu seinem kometenhaften Aufstieg nachvollziehen *(siehe S. 30f)*.

**4 Museu d'Art Contemporani & Centre de Cultura Contemporània**
Das 1995 eröffnete MACBA bildet Barcelonas Zentrum für moderne Kunst. Zusammen mit dem benachbarten CCCB ist es kultureller Treffpunkt im Herzen von El Raval.

Wechselausstellungen im MACBA zeigen zeitgenössische Künstler, die Präsentationen im CCCB sind eher themenorientiert *(siehe S. 34f)*.

**5 Fundació Antoni Tàpies**
In dem eleganten Modernisme-Gebäude werden Werke des katalanischen Künstlers Antoni Tàpies gezeigt. Tàpies' Repertoire reicht von frühen Collagen bis zu abstrakten Gemälden mit politischer und sozialer Thematik *(siehe S. 108)*.

**6 Museu d'Història de Barcelona (MUHBA)**
Ein Besuch des stadtgeschichtlichen Museums, das seinen Sitz teils in der Casa Padellàs (15. Jh.) hat, beinhaltet eine Besichtigung des mittelalterlichen Palau Reial sowie der Reste römischer Stadtmauern und Wasserwege *(siehe S. 78)*.

Anstecker FC Barcelona

**7 Museu del FC Barcelona**
Camp Nou, das größte Fußballstadion Europas, ist die Heimat des 1899 gegründeten Fußballvereins FC Barcelona. Eine Tour durch das Stadion (»Camp Nou Experience«) schließt das Museum ein, das Trophäen, Poster und Andenken aus der Geschichte des beliebten Vereins ausstellt *(siehe S. 118)*.

### 8 Museu Frederic Marès

Der katalanische Bildhauer Frederic Marès (1893–1991) war ein leidenschaftlicher Sammler. Das Museum zeigt bemerkenswerte historische Fundstücke, die er von seinen Reisen mitbrachte. Dazu gehören romanische und gotische sakrale Kunstwerke, Skulpturen und verschiedenste Objekte von Puppen und Fächern bis hin zu Pfeifen und Spazierstöcken *(siehe S. 78)*.

### 9 Museu Marítim

In den Drassanes Reials, den königlichen Schiffswerften (13. Jh.), wird die beeindruckende Seefahrtsgeschichte Barcelonas dokumentiert. Die Sammlung reicht vom Mittelalter bis ins 19. Jahrhundert. Sie beinhaltet eine Nachbildung der *Real* in Originalgröße – des Flaggschiffs von Don Juan de Austria beim Sieg über die Türken in der Seeschlacht von Lepanto (1571). Außerdem sieht man Schiffsmodelle, Seekarten und Navigationsinstrumente *(siehe S. 87)*.

Mittelalterliches Schiff, **Museu Marítim**

### 10 CosmoCaixa – Museu de la Ciència

Das Museum widmet sich der Geschichte der Wissenschaft – vom Urknall bis zur Virtual Reality. Zu den Highlights gehören eine interaktive Reise durch die Geschichte der Erde, ein Areal mit Amazonas-Regenwald und ein Planetarium. Wechselausstellungen widmen sich Umweltthemen. Es werden auch Aktivitäten für Familien angeboten *(siehe S. 118)*.

---

## Außergewöhnliche Museen & Kunstwerke

Wachsfiguren im **Museu de Cera**

**1 Museu de Cera**
Karte L5 ▪ Ptge de la Banca 7
Mehr als 350 Wachsfiguren von Gaudí über Franco bis Marilyn Monroe.

**2 Hash Marihuana & Hemp Museum**
Karte E5 ▪ C/ Ample 35
Über 9000 Objekte rund um Cannabis in einem Modernisme-Palast.

**3 Centre d'Interpretació del Call**
Karte M4 ▪ Pl de Manuel Ribé
Die Exponate stammen von Barcelonas jüdischer Gemeinde des Mittelalters.

**4 Museu Etnològic i de Cultures del Món**
Karte P4 ▪ C/ Montcada 12
Artefakte und Werke aus Afrika, Asien, Amerika und Ozeanien *(siehe S. 79)*.

**5 Museu dels Autòmats**
Karte B1 ▪ Parc d'Atraccions del Tibidabo
Automatennachbildungen von Menschen und Tieren.

**6 Museu de la Xocolata**
Karte P4 ▪ C/ Comerç 36
Interaktive Exponate, essbare Modelle und Kostproben feiern die Schokolade.

**7 Museu del Disseny**
Karte H3 ▪ Pl de les Glòries Catalanes
Designmuseum mit den Themen Mode, Architektur und Grafik.

**8 Museu del Perfum**
Karte E2 ▪ Pg de Gràcia 39
Zahlreiche Parfümflaschen von der Römerzeit bis heute.

**9 Cap de Barcelona**
Karte N5 ▪ Pg de Colom
Pop-Art-Künstler Roy Lichtenstein schuf die Figur *Barcelona Head* 1992.

**10 Peix**
Karte G5 ▪ Port Olímpic
Das riesige Objekt eines Fisches gestaltete Frank Gehry 1992.

# TOP 10 Modernisme-Bauwerke

### ③ Hospital de la Santa Creu i de Sant Pau

Der Bau, heute Sant Pau Recinte Modernista genannt, steht in Kontrast zur gitternetzförmigen Anlage von Eixample – er ist in einem Winkel von 45 Grad zu den Straßen positioniert. Unter Domènech i Montaner begannen die Arbeiten 1905, sein Sohn vollendete sie 1930. Die Pavillons sind mit Buntglas, Mosaiken und Skulpturen von Eusebi Arnau verziert. Im Monestir de Santes Creus *(siehe S. 128)* findet man das Vorbild für die achteckigen Säulen mit Blumenkapitellen *(siehe S. 107)*.

### ① Sagrada Família

Der Bau von Gaudís Meisterwerk mit schwindelerregenden Türmen und verschlungenen Skulpturen begann auf dem Höhepunkt des Modernisme. Über ein Jahrhundert später ist er zwar immer noch nicht abgeschlossen, fasziniert aber bereits jetzt mit all seinen kühnen Strukturen *(siehe S. 12–15)*.

### ② Casa Milà (La Pedrera)

Das außergewöhnliche Wohnhaus mit der geschwungenen Fassade und den bizarr geformten Schornsteinen zeigt alle für Gaudí typischen Elemente, von den schmiedeeisernen Balkonen bis hin zu den farbenfrohen Mosaiken in den Innenhöfen und Aufgängen. Interessant ist auch die im Modernisme-Stil eingerichtete Schauwohnung *(siehe S. 26f)*.

### ④ Fundació Tàpies

Das strenge Gebäude von 1886, dessen schlichte Fassade nur von Backsteinschmuck im Mudéjar-Stil aufgelockert war, war Sitz des Verlagshauses Montaner i Simón. Das Bauwerk war das erste von Domènech i Montaner entworfene Modernisme-Gebäude. Deshalb zeigt es nur wenige der später für den Architekten typischen gestalterischen Elemente. Heute birgt das Haus die Fundació Antoni Tàpies *(siehe S. 108)*.

### ⑤ Casa Batlló

**Karte E2** ▪ **Pg de Gràcia 43** ▪ **+34 932 160 306** ▪ **tägl. 9 – 21 Uhr** ▪ **Eintritt (mit Audioguide)** ▪ 🚻 ▪ **www.casabatllo.es**

Hospital de la Santa Creu i de Sant Pau

**Farbenfreude der Casa Batlló**

Gaudís bunt gestaltete Casa Batlló in der Mansana de la Discòrdia *(siehe S. 107)* stellt eine Allegorie der Legende des hl. Georg *(siehe S. 41)* dar. Das Dach ist der Rücken des Drachen, die wie Karnevalsmasken geformten Balkone sind die Schädel seiner Opfer. An Sommerabenden öffnet sich die Dachterrasse für die »Nits Màgiques«.

### ⑥ Casa Amatller
**Karte E2 ▪ Pg de Gràcia 41**
▪ +34 934 617 460 ▪ tägl. 10–18 Uhr; nur mit Führung ▪ Eintritt ▪ ♿
▪ www.amatller.org

Die üppige Verwendung von Mosaiken an dem von Puig i Cadafalch erbauten Gebäude ist typisch für den Modernisme. Die Fassade weist blaue, rote und cremefarbene florale Muster auf. Führungen zeigen die Wohnung, das Vestibül und eine Diashow in Amatllers einstigem Fotostudio *(siehe S. 107)*.

### ⑦ Casa Terrades (Casa de les Punxes)
**Karte F2 ▪ Av Diagonal 416**
▪ tägl. 9–20 Uhr ▪ Eintritt

Puig i Cadafalch hob die Mittelalterbegeisterung des Modernisme wie kein anderer hervor. Das 1903–95 errichtete schlossartige Bauwerk ist in Wirklichkeit ein Wohnblock. Er trägt wegen der Spitzen, die wie Nadeln aus den kegelförmigen Türmen emporwachsen, den Spitznamen »Haus der Stacheln«. Für Modernisme-Geschmack ist die Backsteinfassade eher schlicht gehalten.

### ⑧ Palau de la Música Catalana

Der von Domènech i Montaner gestaltete grandiose Konzertsaal bildet einen fantastischen Rahmen für die katalanische Musik. Mosaikfriese, Buntglas, Keramik und Skulpturen entfalten die ganze Pracht des Modernisme. Die Fassadengestaltung von Miquel Blay gilt als eines der schönsten Beispiele der Modernisme-Plastik in Barcelona *(siehe S. 32f)*.

### ⑨ Casa Vicens

Das von der UNESCO zum Weltkulturerbe erklärte Gebäude war das erste von Antoni Gaudí entworfene Wohnhaus. Die zugleich streng und extravagant wirkende Fassade ist eine wahre Farbexplosion mit Mudéjar-Elementen und floralen Graffiti-Motiven. Heute ist hier ein Kulturzentrum untergebracht, die gut erhaltenen Räume zieren originale Möbel und Gemälde. Im Untergeschoss befindet sich eine Buchhandlung *(siehe S. 119)*.

### ⑩ Palau Güell

Der Palast ist ein schönes Beispiel für Gaudís Experimente mit Strukturformen wie Parabelbogen, um Raum zu gestalten. Auch der raffinierte Einsatz ungewöhnlicher Materialien, etwa Ebenholz, ist bemerkenswert *(siehe S. 87)*.

**Gewölbebogen im Palau Güell**

# TOP10 Attraktive Plätze

Die Plaça Reial ist von klassizistischen Gebäuden umgeben

### ① Plaça Reial

Das klassizistische Flair, der alte europäische Charme und der städtische Charakter machen die von Arkaden gesäumte Plaça Reial im Herzen des Barri Gòtic einzigartig. Den Platz prägen majestätische Gebäude aus der Mitte des 19. Jahrhunderts, von Gaudí gestaltete Laternenpfähle, Palmen, beliebte Cafés und Bars sowie viele vergnügungslustige Besucher *(siehe S. 78)*.

### ② Plaça de Catalunya
**Karte M1**

Die riesige Plaça de Catalunya bildet das urbane Zentrum Barcelonas, von dem alle Geschäftigkeit auszugehen scheint. Den meisten Besuchern bietet sie den ersten Eindruck von der Stadt: Hier halten der Flughafenbus, RENFE-Züge, zahllose U-Bahnen und Busse sowie die meisten Nachtbusse. Elegante Läden säumen den Platz, darunter eine Filiale der in Spanien allgegenwärtigen Kaufhauskette El Corte Inglés *(siehe S. 66)*. Inmitten umherflatternder Tauben und Scharen von Urlaubern spielen oft Musikgruppen. Auch die Hauptstelle des Tourismusbüros ist hier zu finden.

### ③ Plaça del Rei
**Karte N4**

Der von großen Gebäuden umgebene Platz im Barri Gòtic zählt zu den besterhaltenen mittelalterlichen Plätzen Barcelonas. Der im 14. Jahrhundert erbaute Palau Reial, Teil des Conjunt Monumental de la Plaça del Rei *(siehe S. 78)*, birgt den Saló del Tinell, einen gotischen Festsaal.

### ④ Plaça de Sant Jaume

Eine Aura von Macht und Historie prägt das Verwaltungszentrum des modernen Barcelona. Den Platz flankieren die beiden wichtigsten Regierungsgebäude der Stadt, der stattliche Palau de la Generalitat und das Ajuntament aus dem 15. Jahrhundert *(siehe S. 77)*.

**Plaça de Catalunya**

## ⑤ Plaça de la Vila de Gràcia

**Karte E1**

Das einstige Dorf Gràcia wurde 1897 eingemeindet. In dem heutigen progressiven Künstlerviertel ist noch Kleinstadtatmosphäre spürbar: Die Bewohner treffen sich auf den Plätzen mit Nachbarn. Die Plaça de la Vila de Gràcia mit dem Glockenturm in der Mitte ist besonders beliebt. Die Straßencafés locken viele Menschen und Straßenmusikanten an.

## ⑥ Plaça de Sant Josep Oriol & Plaça del Pi

**Karte L3 & M3**

Auf den beiden mit Bäumen bestandenen schattigen Plätzen (*pi* ist das katalanische Wort für Pinie) im Barri Gòtic verbinden sich der Zauber des alten Europa und moderne Cafékultur. Zwischen den beiden Plätzen steht die gotische Basílica de Santa Maria del Pi *(siehe S. 41)*.

## ⑦ Plaça Comercial

**Karte P4**

Der quirlige Passeig del Born mündet in die Plaça Comercial, einen hübschen Platz mit Cafés und Bars gegenüber dem Mercat del Born. Die Markthalle (19. Jh.) wurde zum Kulturzentrum und Ausstellungsgelände umgestaltet *(siehe S. 78)*.

## ⑧ Plaça de Santa Maria

**Karte N5**

Die prächtige Basílica de Santa Maria del Mar *(siehe S. 78f)* verleiht der gleichnamigen *plaça* im Viertel El Born eine getragene Atmosphäre.

**Straßencafé an der Plaça de Santa Maria**

Einheimische und Besucher genießen das gotische Flair und tanken in den Straßencafés Sonne.

## ⑨ Plaça del Sol

**Karte F1**

Der von hübschen Häusern aus dem 19. Jahrhundert umgebene Platz (auch Plaça dels Encants) liegt inmitten des Straßennetzes des Künstlerviertels Gràcia. Er erwacht meist erst abends zum Leben, wenn die *Barcelonins* die Terrassen bevölkern, bevor sie gemeinsam einen Streifzug durch das Nachtleben unternehmen.

## ⑩ Plaça de la Vila de Madrid

**Karte M2**

Auf dem weiten Platz in der Nähe von La Rambla befinden sich die Reste eines römischen Gräberfelds. Die Plaça de la Vila de Madrid lag einst direkt vor den Mauern der römischen Stadt Barcino. Die Gräber aus dem 2. bis 4. Jahrhundert wurden 1957 entdeckt. Von der Straße aus kann man die ganze Ausgrabungsstätte überblicken.

# TOP 10 Parks & Strände

## 1 Parc de Cervantes

Av Diagonal 708 ▪ tägl. 10 Uhr – Sonnenuntergang

Der überaus schöne Park am Stadtrand von Barcelona wurde 1964 zum 25-jährigen Jubiläum des Franco-Regimes angelegt. Hier verströmen mehr als 11 000 Rosensträucher von 245 Arten während der Blütezeit einen geradezu betörenden Duft. Ansonsten herrscht überwiegend mediterrane Vegetation vor. Unter der Woche ist es recht ruhig, am Wochenende hat der Park viele Besucher.

Font de la Cascada, Parc de la Ciutadella

## 2 Park Güell

Der terrassenförmig angelegte Park Güell entführt – auch außerhalb der Zona Monumental – in eine geradezu surreale Welt. Arkadengänge und verschlungene Wege fügen sich in die Hügellandschaft harmonisch ein und vermischen spielerisch Natur und fantasievolle Kunst (siehe S. 22f).

## 3 Jardins del Palau de Pedralbes

Av Diagonal 686 ▪ tägl. 10 Uhr – Sonnenuntergang

Die Gärten erstrecken sich vor dem Palau Reial de Pedralbes. In der Nähe eines kleinen Bambushains steht im Schatten eines riesigen Eukalyptusbaums ein von Gaudí entworfener, mit einem Drachenkopf verzierter Brunnen, der erst im Jahr 1983 entdeckt wurde.

Sonnenmosaik im Park Güell

## 4 Parc de la Ciutadella

Barcelonas größter Landschaftspark (19. Jh.) bietet Ruhe vom Trubel vom lebhaften Treiben in der Metropole. Zu den Höhepunkten der Anlage gehören der Parc Zoològic, das katalanische Parlament, ein See zum Rudern und der prächtige Font de la Cascada, bei dessen Gestaltung Gaudí beteiligt war. Auf einem Spaziergang kann man auch viele Werke katalanischer Bildhauer und zeitgenössischer Künstler entdecken (siehe S. 101).

## 5 Parc del Laberint d'Horta

Die 1791 angelegten bezaubernden klassizistischen Gärten zählen zu den ältesten Grünanlagen Barcelonas. Sie liegen oberhalb der Stadt, wo die Luft kühler ist. Das Areal um-

Parc del Laberint d'Horta

fasst Themengärten, Wasserfälle und einen kleinen Kanal. Hauptattraktion ist ein Labyrinth um eine Eros-Statue *(siehe S. 118)*.

### 6 Parc de Joan Miró
**Karte B2** ▪ C/ Tarragona 74
▪ tägl. 10 Uhr – Sonnenuntergang

Die auch als Parc de l'Escorxador bekannte Anlage entstand auf dem Gelände eines Schlachthofs *(escorxador)* aus dem 19. Jahrhundert. Mirós eindrucksvolle 22 Meter hohe Skulptur *Dona i ocell (Frau und Vogel)* von 1983 dominiert die gepflasterte obere Ebene des Parks. Auf dem Gelände liegen einige Kinderspielplätze und Kiosk-Cafés.

### 7 Parc de l'Espanya Industrial
**C/ Muntadas 37** ▪ tägl. 10 – 24 Uhr

Der Park auf dem Gelände einer ehemaligen Textilfabrik wurde vom baskischen Architekten Luis Peña Ganchegui gestaltet. Die Anlage ist äußerst reizvoll. An dem See, auf dem man Boot fahren kann, stehen zehn leuchtturmartige Bauwerke. Der gusseiserne Drache dient auch als Rutschbahn. Es gibt darüber hinaus eine Freiluftbar und einen Kinderspielplatz.

### 8 Stadtstrände
Einst war der ganze Küstenbereich von Barcelona ein Gebiet, das man als Besucher besser mied. Für 1992 wurde die Gegend von Grund auf verschönert. Heute zieht es viele Menschen an die Strände bei Barceloneta und am Port Olímpic. Eine kurze U-Bahn-Fahrt von der Stadtmitte aus ermöglicht Badefreuden. Die Strände sind gepflegt und mit Duschen und Toiletten ausgestattet. Es gibt Beachvolleyballfelder, Surfbrett- und Bootsverleihe sowie Kinderspielplätze. Vor Taschendieben ist Vorsicht geboten *(siehe S. 101)*.

Surfer an der Platja de Castelldefels

### 9 Castelldefels
**Züge zur Platja de Castelldefels ab Estació de Sants oder Passeig de Gràcia**

Nur 20 Kilometer südlich der Stadt erstrecken sich auf einer Länge von fünf Kilometern breite Sandstrände. Bars locken an den Wochenenden zu ausgiebigen Seafood-Mahlzeiten und Sangría. An den Stränden gibt es Surfbretter zu mieten.

### 10 Premià de Mar & El Masnou
**Züge nach Premià & El Masnou ab Plaça de Catalunya oder Estació de Sants**

Die beiden aneinandergrenzenden Strände rund 20 Kilometer nördlich der Stadt sind die besten in der Umgebung von Barcelona. Der feine Sand und das klare Wasser machen sie zu beliebten Ausflugszielen.

# TOP10 Unbekanntes Barcelona

Drache am Tor der Pavellons Güell

### 1 Pavellons Güell
**Karte B1** ▪ **Av Pedralbes 7** ▪ **+34 933 177 652** ▪ **tägl. 10–16 Uhr; Führungen nach tel. Anmeldung** ▪ **Eintritt**

Gaudí entwarf die Pförtnerhäuschen und Ställe, die man heute als Güell-Pavillons kennt, in den 1880er Jahren für seinen Auftraggeber Eusebi Güell. Den großen Drachen am schmiedeeisernen Tor können Sie im Rahmen einer Führung durch den Komplex sehen. Eines der Pförtnerhäuser ist heute eine Außenstelle des Museu d'Història de Barcelona (siehe S. 78).

### 2 Jardins de la Rambla de Sants
**Karte A2** ▪ **C/ d'Antoni de Capmany s/n**

Der fast einen Kilometer lange Park wurde über einer stillgelegten Eisenbahntrasse in erhöhter Lage zwischen der Plaça de Sants und dem Viertel La Bordeta angelegt. Inmitten hoch aufragender Wohnhäuser und alter Fabriken stellt er mit seiner vielfältigen, duftenden Vegetation eine willkommene Oase der Ruhe mitten in der Stadt dar.

### 3 Refugi 307
**Karte C5** ▪ **C/ Nou de la Rambla 175** ▪ **+34 932 562 122** ▪ **Führungen: So 10.30, 11.30, 12.30 Uhr** ▪ **Eintritt** ▪ **www.barcelona.cat/museuhistoria**

Während des Bürgerkriegs, als die Bomben des Franco-Regimes auf Barcelona fielen, wurden mehr als 1000 unterirdische Schutzräume angelegt. Refugi 307 umfasst 400 Meter Tunnel mit Toiletten, Krankenhaus, Brunnen, Feuerstelle und einem Raum für Kinder. Das Museu d'Història de Barcelona (MUHBA; siehe S. 78) ermöglicht einen Blick darauf.

### 4 Mercat de la Llibertat
**Pl Llibertat 27** ▪ **+34 932 170 995** ▪ **Mo – Fr 8.30 – 20.30, Sa 8.30 – 15 Uhr**

Der Mercat de la Llibertat in Gràcia wurde 1888 mit viel Schmiedeeisenzierrat und einigem Fliesendekor erbaut. Hier wird eine große Auswahl frischer Lebensmittel verkauft. Zusätzlich gibt es Stände mit Mode und anderen teils originellen Dingen, die sich als Mitbringsel eignen.

### 5 Parc del Laberint d'Horta

Der hübsche Park wurde im 18. Jahrhundert angelegt. Überall stößt man auf klassische Statuen, kleine Pavillons und Zierteiche, der Hauptanziehungspunkt ist jedoch der Irrgarten aus Büschen, der überraschend trickreich konzipiert ist (siehe S. 118).

Pavillon, Parc del Laberint d'Horta

### 6 Bunkers del Carmel
**Karte C1** ▪ **C/ Turó de la Rovira s/n**

In Barcelona sind mehrere Bunker aus der Zeit des Spanischen Bürgerkriegs erhalten. Der Bunker im Arbeiterviertel El Carmel wurde in die Flanke eines Hügels gegraben. Sein Dach dient heute als Aussichtspunkt. Vor allem bei Sonnenuntergang genießen die Einheimischen hier gerne ein kühles Bier.

**(7) Basílica de la Puríssima Concepció**

**Karte F2** ▪ C/ d'Aragó 299 ▪ Mo–Sa 7.30–13, 17–21 Uhr (Eingang vom Kreuzgang, C/ Roger de Llúria 70), Mo–Sa 7.30–13, 17–21 Uhr, So 7.30–14, 17–21 Uhr ▪ www.parroquia concepciobcn.org

Die Basilika geht auf das 13. Jahrhundert zurück und gehörte ursprünglich zum Kloster Santa Maria de Jonqueres. Im 19. Jahrhundert wurde sie Stein für Stein abgetragen und an ihrem jetzigen Platz wiedererrichtet. Der bezaubernde gotische Kreuzgang mit den schlanken Säulen aus dem 15. Jahrhundert ist sehr schön begrünt und voller Vogelgesang. In der Basilika finden regelmäßig Konzerte statt.

**(8) Convent de Sant Agustí**

**Karte F4** ▪ Pl l'Academia s/n, C/ Comerç 36 ▪ +34 932 565 017 ▪ Mo–Fr 9–22, Sa 10–14, 16–21 Uhr ▪ Café

Der Convent de Sant Agustí stammt aus dem 15. Jahrhundert und ist heute ein Kulturzentrum. Das hübsche kleine Café (Mo geschlossen) befindet sich unter den Bogen des alten Klosters. Hier geht es familienfreundlich und gemütlich zu – ein sehr schöner Ort, um nachmittags zu entspannen.

**(9) Plaça Osca**

**Karte B2**

Der grüne Platz im Viertel Sants ist von Cafés und Bars gesäumt, die Tische im Freien haben. Hierher kommen wenige Touristen, dafür die jungen, trendigen Einheimischen, die sich am frühen Abend ein Bier und sehr gute Tapas aus Bio-Produkten gönnen.

**(10) Parc de Cervantes**

Im Frühling strömen viele Barceloner in den Parc de Cervantes, um sich an der Blüte der rund 11 000 Rosenstöcke zu erfreuen. Etwa 245 verschiedene Arten kann man hier entdecken. Gepflegter Rasen, Picknickbereiche und Kinderspielplätze tragen zum Vergnügen bei (siehe S. 48).

Rosenblüte im Parc de Cervantes

# TOP10 Kinder

Fahrt mit hervorragender Aussicht im Parc d'Atraccions del Tibidabo

## 1 Parc d'Atraccions del Tibidabo

Der Vergnügungspark erfreut jedes Kinderherz mit eher altmodischen Fahrbetrieben wie Geisterbahn, Riesenrad und Autoskooter. Im Museu dels Autòmats *(siehe S. 43)* sieht man elektronisch gesteuerte Figuren. Es gibt auch ein Marionettentheater, Picknick- und Spielplätze, Kioske, Cafés und Restaurants *(siehe S. 117)*.

## 2 La Rambla

Auf den Schultern ihrer Eltern überblicken Kinder die Menschenmenge auf Barcelonas größter Flaniermeile und können die Straßenkünstler beobachten: Feuerschlucker, Musikanten und lebende Statuen, die als griechische Göttinnen oder Monster verkleidet sind, unterhalten die Passanten. Wirft jemand eine Münze in den Hut, fängt die Statue an, sich zu bewegen *(siehe S. 16f)*.

## 3 Museu Marítim

Alte Seekarten, auf denen von Ungeheuern heimgesuchte Gewässer verzeichnet sind, Fischerboote und eine Sammlung von Galionsfiguren bieten einen Einblick in die Seefahrtsgeschichte Barcelonas. Faszinierend ist die Besichtigung des historischen Dreimasters *Santa Eulàlia* und der originalgetreue Nachbau der *Real (siehe S. 87)*.

## 4 Parc de l'Oreneta

Karte A1 ■ Tren de l'Oreneta: www.trenoreneta.com

Dieser entzückende Park hat Pfade, die sich den Hang hinaufschlängeln, Spiel- und Picknickplätze sowie eine Pferdekoppel, auf der Kinder ponyreiten können. Highlight für viele Besucher ist der Miniaturzug (Tren de l'Oreneta), der von einem kleinen Bahnhof aus eine 650 Meter lange Runde um den Park dreht.

Irrgarten im Parc del Laberint d'Horta

## 5 Parc del Laberint d'Horta

Hauptattraktion des außergewöhnlichen Parks ist ein großes Heckenlabyrinth, in dem Kinder ihre Märchenfantasien ausleben können.

Sollte den Kleinen doch keine Fee begegnen, sorgt der riesige Spielplatz mit einem Restaurant, das Tische im Freien besitzt, für Entschädigung. Sonntags ist der Park stark frequentiert *(siehe S. 118)*.

## 6 Telefèric de Montjuïc

**Karte C5 ▪ Parc de Montjuïc ▪ März – Mai & Okt: tägl. 10 – 19 Uhr; Juni – Sep: tägl. 10 – 21 Uhr; Nov – Feb: tägl. 10 – 18 Uhr ▪ Eintritt ▪ 🚹 ▪ www.telefericdemontjuic.cat**

Anders als die spektakuläre Seilbahnfahrt über den Hafen bietet die kleinere Drahtseilbahn auf geringerer Höhe Familien mit kleineren Kindern einen vergnüglichen Ausflug. Der Gipfel des Montjuïc ist ein lohnendes Ziel: Auf den Kanonen vor dem Castell *(siehe S. 95)* können Kinder herumklettern.

## 7 L'Aquàrium de Barcelona

**Karte E6 ▪ Moll d'Espanya ▪ +34 932 217 474 ▪ Nov – Feb: tägl. 10 – 18 Uhr; März – Okt: tägl. 10 – 19 Uhr (Juni – Sep: 10 – 21 Uhr) ▪ Eintritt ▪ 🚹 ▪ www.aquariumbcn.com**

Das Aquarium zählt zu den größten Europas. In den 21 riesigen Becken leben über 400 Meerestierarten. In dem Glastunnel im Oceanari kann man u. a. Grau- und Tigerhaien in die Augen blicken, die in einem 4,5-Millionen-Liter-Bassin schwimmen. Es gibt auch ein Becken, in dem man Meeresbewohner anfassen darf.

## 8 Stadtstrände

Für Kinder gibt es an den Stränden von Barcelona mehr zu erleben, als im Wasser zu planschen und im Sand herumzutollen. Die *platjes* (Strände) von Port Vell, Barceloneta und Port Olímpic verfügen über Bootsverleihe und gut ausgestattete Spielplätze. Zahlreiche Kioske und Strandbars bieten Erfrischungen an *(siehe S. 101)*.

## 9 Museu d'Història de Catalunya

Das kinderfreundliche Museum veranschaulicht die Geschichte Kataloniens anhand von spannenden interaktiven Exponaten. Kleine Besucher können sich z. B. als mittelalterliche Ritter verkleiden und auf hölzernen Pferden reiten. Die Attraktionen sprechen katalanische Schulgruppen ebenso an wie ausländische Urlauber sämtlicher Altersklassen *(siehe S. 101)*.

## 10 Bootsfahrten

Las Golondrinas *(siehe S. 102)* veranstalten regelmäßig Touren vom Hafen aufs Meer hinaus. Ältere Kinder genießen das Abenteuer. Für kleinere Kinder empfehlen sich Fahrten in Ruderbooten auf dem See im Parc de la Ciutadella *(siehe S. 48)*.

**Rudern im Parc de la Ciutadella**

# TOP 10 Theater & Musikbühnen

Palau de la Música Catalana

## (1) Palau de la Música Catalana

In Domenèch i Montaners Modernisme-Gebäude werden exzellenter Jazz und Klassik präsentiert. Zwar hat L'Auditori dem Konzertsaal ein wenig den Rang abgelaufen, doch er ist noch immer eine Location für das Gitarrenfestival und lockt internationale Künstler an *(siehe S. 32f)*.

## (2) El Molino

Vila i Vila 99 (Av Paral·lel) ■ +34 932 055 111 ■ Eintritt ■ ♿
■ www.elmolinobcn.com

Seit Ende des 19. Jahrhunderts gibt es diese Musikbühne. Hier stehen Cabaret, Burleske-Shows, Flamenco- und Tango-Shows und andere musikalische Darbietungen auf dem Programm. Tickets auf der Website.

## (3) Teatre Grec

Das von Wald umgebene Rundtheater bietet Ballett, Theater und Konzerten einen tollen Rahmen. Die Gärten sind ganzjährig zu besichtigen. Während des Grec Festival *(siehe S. 96)* im Sommer finden besonders viele Veranstaltungen statt.

## (4) L'Auditori

Karte G3 ■ C/ Lepant 150
■ +34 932 479 300 ■ ♿
■ www.auditori.cat

Der Konzertsaal nahe dem Teatre Nacional ist Heimat des Orquestra Simfònica de Barcelona. Akustik und Sicht sind hervorragend, neben klassischer Musik ist Jazz zu hören. Hier ist auch das Museum für Musik.

## (5) Gran Teatre del Liceu

Das Liceu wurde seit der Eröffnung 1847 zweimal durch Brand zerstört und wiederaufgebaut. Es zählt zu den schönsten und bedeutendsten Opernhäusern Europas. Die Spielpläne (auch Ballett) sind innovativ, die Tickets schnell vergriffen. Führungen dauern 50 Minuten oder als »Visita exprés« 25 Minuten *(siehe S. 16)*.

Eingang des El Molino

## (6) Harlem Jazz Club

Karte M5 ■ C/ Comtessa de Sobradiel 8 ■ +34 933 100 755 ■ www.harlem jazzclub.es

Der legendäre Club im Barri Gòtic bietet Atmosphäre und Tradition in Sachen Jazz und Blues. Der Eintritt beinhaltet meist ein Getränk, bei manchen Events ist der Eintritt frei.

Saxofonist im Harlem Jazz Club

### ⑦ Mercat de les Flors
Karte B4 ▪ C/ Lleida 59 ▪ +34
934 562 600 ▪ www.mercatflors.cat

Hier gastieren oft Tanz- und Theater-
ensembles wie Comedians oder La
Fura dels Baus, deren Mix aus Zirkus
und Theater begeistert.

### ⑧ Razzmatazz
Karte H4 ▪ C/ Almogàvers 122
(The Loft: C/Pamplona 88) ▪ +34 933
208 200 ▪ www.salarazzmatazz.com

In den fünf Bereichen des Clubs
werden unterschiedliche Musikrich-
tungen gespielt. An mehreren Wo-
chentagen finden Konzerte statt.

Vampire Weekend im Razzmatazz

### ⑨ Sala Apolo
Karte K4 ▪ C/ Nou de la
Rambla 113 ▪ +34 934 414 001
▪ www.sala-apolo.com

Das historische Tanzlokal mit samt-
bezogenen Balkonen und holzgetä-
felten Bars zählt zu den besten
Clubs der Stadt. Hier läuft der neueste Sound – das Spektrum reicht
von Indie, Garage und Pop-Rock
über Reggae, Soul und Weltmusik
bis zu Dubstep.

### ⑩ JazzSí Club – Taller de Músics
Karte J2 ▪ C/ Requesens 2 ▪ +34 933
290 020 ▪ Eintritt ▪ www.taller
demusics.com/jazzsi-club

Der Club veranstaltet Musikwork-
shops und tägliche Konzerte im
Auditorium. Die Aufführungen mit
Jazz, Flamenco, Rock und kubani-
scher Musik beginnen zwischen
19.30 Uhr (sonntags 18.30 Uhr) und
21 Uhr. Montags bis freitags wird
Dinner angeboten.

## »Versión Original«-Kinos & Festivals

**Im Kino Filmoteca**

**1 Filmoteca**
C/ Salvador Seguí 1–9 ▪ +34 935 671
070 ▪ www.filmoteca.cat
Das subventionierte Programmkino zeigt
täglich drei OU-Filme.

**2 Verdi**
Karte B2 ▪ C/ Verdi 32 ▪ +34 932 387
990 ▪ www.cines-verdi.com
Originalversionen in fünf Sälen.

**3 Yelmo Cines Icaria**
Karte H5 ▪ C/ Salvador Espriú 61 ▪ +34
902 220 922 ▪ www.yelmocines.com
Auf 15 Leinwänden laufen Filme.

**4 Festival de Cine Documental
Musical In-Edit**
http://es.in-edit.org
Das Festival präsentiert Musik und Filme.

**5 Festival Internacional de
Cinema Fantàstic de Catalunya**
Sitges ▪ sitgesfilmfestival.com
Fantasy-Filmfestival in Sitges im Oktober.

**6 Zumzeig Cine Cooperativa**
Karte J1 ▪ C/ Villarroel 102 ▪ +34 934
510 051 ▪ www.meliescinemes.com
Kino mit zwei Leinwänden im Herzen der
Stadt.

**7 Cinemes Texas**
Karte F1 ▪ C/ Bailèn 205 ▪ +34 933 484
770 ▪ www.cinemestexas.cat
OU-Filme in modernem Ambiente.

**8 Sala Phenomena Experience**
Karte G1 ▪ C/ Sant Antoni Maria Claret
168 ▪ +34 932 527 743 ▪ www.
phenomena-experience.com
Arthaus-Filme im Original mit Untertiteln.

**9 Renoir Floridablanca**
Karte C3 ▪ C/ Floridablanca 135 ▪ +34
932 289 393 ▪ www.cinesrenoir.com
Internationale Filme und eine kleine Ausstellung ausgedienter Projektoren.

**10 Sala Montjuïc**
Karte B6 ▪ Montjuïc
▪ www.salamontjuic.org
Klassiker mit Untertiteln im Freiluftkino.

# 🔟 Fotomotive

### ① Font Màgica

Zu den außergewöhnlichsten Fotomotiven in Barcelona gehört zweifellos der bezaubernde »Magische Brunnen« am Fuß des Palau Nacional *(siehe S. 95)*. Für die besten Schnappschüsse wählen Sie eine lange Belichtungszeit, dann fangen Sie die tanzenden Wasserfontänen am besten ein. Bei Dunkelheit leuchtet der Brunnen in brillanten Farben *(siehe S. 70)*.

### ② Dachterrasse der Kathedrale

Um das enge Gassengewirr des Barri Gòtic *(siehe S. 76–85)* aus der Vogelperspektive zu betrachten, steigen Sie auf die Aussichtsplattform der Kathedrale von Barcelona *(siehe S. 18f)*. Auch manche Details des gewaltigen Kirchenbaus erkennt man dort am besten.

### ③ Park Güell

Gaudí ließ in diesem spektakulären Park seiner Fantasie freien Lauf. Der bunt gekachelte Drache an der Eingangstreppe und das atemberaubende Stadtpanorama von der geschwungenen Mosaikenbank sind die populärsten Motive. Doch Fotografen entdecken problemlos unzählige weitere spannende Details *(siehe S. 22f)*.

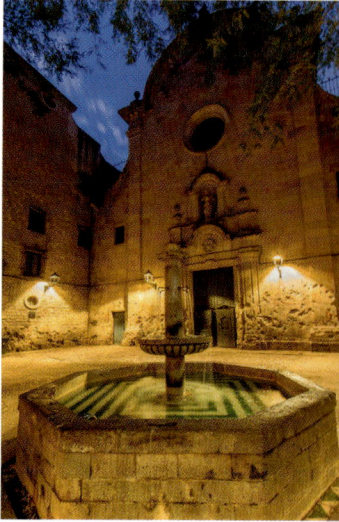

Plaça de Sant Felip Neri am Abend

### ④ Plaça de Sant Felip Neri

Das labyrinthartige Netz von Gassen und kleinen Plätzen im Barri Gòtic *(siehe S. 76–85)* ist ein Traum für Fotografen. Die kleine Plaça de Sant Felip Neri mit ihrer charmanten Kirche und dem eher schlichten Steinbrunnen wirkt ganz besonders stimmungsvoll. Wegen der hohen Bäume gibt es an diesem Platz bei Sonnenschein spannende Licht-Schatten-Spiele *(siehe S. 80)*.

### ⑤ Museu d'Història de Catalunya

Das Café im obersten Stockwerk des Museu d'Història de Catalunya bietet einen umwerfenden Blick über den Port Vell mit seinen Yachten und reicht bis zum Montjuïc. Vor allem in der Abenddämmerung kann man eindrucksvolle Fotos machen *(siehe S. 101)*.

**6 Castell de Montjuïc**

Die Festungsanlage zählt zu den besten Stellen für eine wundervolle Aussicht über Barcelona und seine Sehenswürdigkeiten. Beim Fotografieren hat man die Qual der Wahl – vielleicht wählt man eine Panoramaaufnahme, um viele Wahrzeichen der Stadt festzuhalten. Von hier kann man auch Aufnahmen der bunten Schiffscontainer im Hafen machen *(siehe S. 95)*.

**7 Museu d'Art Contemporani**

Das MACBA, Barcelonas Museum für zeitgenössische Kunst, ist in einem leuchtend weißen Gebäude untergebracht. Der Platz vor dem Kulturtempel ist ein Hotspot der Skater. Ihre rasanten Moves sind gefragte Motive für Fotos und Videos *(siehe S. 34f)*.

**8 Strände**

An den Stränden ist man in Barcelona richtig – egal ob in der Sommerhitze oder im Winter, wenn es in der Stadt ruhiger ist. Eine Morgenaufnahme der hoch aufragenden Skulptur *The L'estel ferit (Der verwundete Stern)* von Rebecca Horn lohnt sich jederzeit *(siehe S. 101)*.

**9 Riesenrad am Tibidabo**

Machen Sie im Vergnügungspark auf dem Tibidabo eine Fahrt

**Riesenrad am Tibidabo**

mit dem so nostalgischen wie charmanten Riesenrad. Nebenbei: Die in Regenbogenfarben leuchtenden Wagen bieten einen tollen Kontrast zur Stadt, die Ihnen von hier oben quasi zu Füßen liegt *(siehe S. 117)*.

**10 Bunkers del Carmel**

Von diesen Bunkern aus der Zeit des Spanischen Bürgerkriegs hat man einen fantastischen Panoramablick. Bei Sonnenuntergang ist die Stimmung hier besonders schön. Bei Dunkelheit gibt es kaum einen besseren Ort für die perfekte Perspektive auf das Lichtermeer der Metropole *(siehe S. 50)*.

**Traumblick über die Stadt von den Bunkers del Carmel**

# TOP10 Outdoor-Bars

**Auf der Terrasse der Bar Kasparo**

### ① Bar Kasparo

Die entspannte Bar bietet eine abwechslungsreiche Speisekarte mit internationalen Gerichten, die mit modernem Touch zubereitet werden. Probieren Sie Hühnchen-Curry oder Griechischen Salat. An diesem verkehrsberuhigten Platz kann man gut längere Zeit sitzen. Tagsüber kommen viele Familien, die Kinder toben sich im Spielbereich aus. Nach Sonnenuntergang jedoch herrscht hier das charakteristische Flair einer Bar *(siehe S. 92)*.

### ② Antic Teatre Café-Bar

Das einem Theater angegliederte Lokal ist ein beliebter Treffpunkt für Schauspieler und Musiker. Am Tag genießt man hier einen Kaffee in netter Atmosphäre. Sobald die Nacht hereinbricht, verwandelt sich das Lokal in einen Ort mit ganz besonderem Ambiente *(siehe S. 83)*.

### ③ La Caseta del Migdia

Von der Bar hinter dem Castell de Montjuïc *(siehe S. 95)* hat man eine tolle Aussicht. Gelegentlich steht Livejazz auf dem Programm, auch DJs sorgen für ausgelassene Stimmung. Vor allem in schwülen Sommernächten ist die Bar ideal, um der Hitze zu entfliehen. Außerdem ist der Sonnenuntergang von hier oben ganz besonders schön *(siehe S. 99)*.

### ④ El Jardí

Der gotische Innenhof eines Hospitalkomplexes *(siehe S. 89)* ist Kulisse für diese ruhige Oase im Herzen des Viertels El Raval. Die Tische sind um einen hübschen Garten angeordnet. El Jardí ist ein wunderbarer Ort, um sich nach einem Tag voller Sightseeing bei einem Cocktail zu entspannen.

**El Jardí – gemütliche Bar mit Gartenflair**

### ⑤ Bar Calders

Carrer del Parlament ist eine Straße voller trendiger Boutiquen und Restaurants. Zu den Highlights gehört die Bar Calders mir ihrer bezaubernden Terrasse und den köstlichen Tapas. Sie ist einer der besten Orte in der Stadt für ein Gläschen Wermut *(siehe S. 99)*.

### ⑥ Torre Rossa

Im Innenhof einer etwa 100 Jahre alten, in Rosatönen gestrichenen Villa befindet sich ein Rückzugsort, in dem man die Hektik der Stadt gut hinter sich lassen kann. In dieser Bar gibt es von professionellen Barkeepern gemixte Cocktails, die man im Schatten von Palmen genießt – einfach ein Traum *(siehe S. 122)*.

### ⑦ Cotton House Hotel Terrace

Die riesige Terrassenbar mit Plüschsofas ist in einem denkmalgeschützten Gebäude untergebracht, das heute ein Luxushotel ist. Tagsüber bieten die üppigen Pflanzen angenehmen Schatten. Die Outdoor-Bar ist eine angesagte Adresse für gute Weine, exzellente Cocktails und gehobene Tapas *(siehe S. 111)*.

### ⑧ Jardín del Alma

Beim Aufenthalt in diesem wunderschönen romantischen Garten glaubt man kaum, dass man sich hier mitten in Barcelona befindet. Die Bar Jardín del Alma ist im eleganten Hotel Alma Barcelona *(siehe S. 142)* untergebracht. Kommen Sie hierher, um erlesene Weine und Cocktails zu genießen *(siehe S. 111)*.

### ⑨ Fragments Cafè

Das Café an einem der wohl schönsten Plätze der Stadt ist nicht der richtige Ort, um in großer Eile zu essen. Nehmen Sie sich Zeit und genießen Sie in dem hübschen, dicht bepflanzten Garten eines der bestens zubereiteten Gerichte – an lauen Sommerabenden bei Kerzenlicht *(siehe S. 123)*.

### ⑩ Bus Terraza

Skurril! Die Bar an der Strandpromenade wurde in einem ausrangierten Londoner Doppeldeckerbus eingerichtet. Vor der Terrasse bilden sich immer wieder lange Schlangen. Kein Wunder – in den bequemen Liegestühlen und zu Livemusik oder DJ-Sound schmecken die Cocktails einfach grandios *(siehe S. 104)*.

**Soundanlage im Bus Terraza**

# TOP10 Restaurants & Tapas-Bars

La Taverna del Clínic

### ❶ La Taverna del Clínic

Die in dem etwas abseits gelegenen Lokal servierten Tapas sind nicht preiswert, aber einfallsreich. Die Weinauswahl ist groß. Man sollte frühzeitig erscheinen oder sich auf Wartezeiten einstellen *(siehe S. 113)*.

### ❷ Igueldo

In elegantem Ambiente wird originelle und bodenständige baskische Küche serviert. Zu den Gerichten zählen mit *morcilla* (Blutwurst) und Erbsenpüree gefüllte Schweinsfüße und *zamburiñas*, aus dem Atlantik geerntete kleine Kammmuscheln. Am Eingang befindet sich eine Tapas-Bar *(siehe S. 113)*.

### ❸ El Asador de Aranda

Das hoch über der Stadt auf dem Tibidabo gelegene luxuriöse Restaurant bietet exquisite kastilische Gerichte. *Pica pica* (Würstchen mit Paprika und Schinken) sollte man auf jeden Fall probieren. Das klassische Hauptgericht ist *lechazo* (Milchlammbraten), der im Holzofen zubereitet wird *(siehe S. 123)*.

### ❹ Green Spot

Das Green Spot wurde zu einem der besten vegetarischen Restaurants Spaniens gewählt, es spricht aber auch Nicht-Vegetarier an. Die moderne Küche, die in stilvollem Ambiente serviert wird, basiert auf regionalen, vornehmlich biologisch angebauten Produkten. Die Gerichte bieten Aromen aus der ganzen Welt *(siehe S. 105)*.

### ❺ Windsor

Die gehobene moderne Küche verwendet Zutaten aus der Region. Zu den Gerichten zählen der Fischeintopf *suquet de rape* und Lamm *(siehe S. 113)*.

**Barbereich im Windsor**

### ⑥ Alkimia
**Karte D3** ▪ **Ronda Sant Antoni 41** ▪ +34 932 076 115 ▪ Sa – Mo geschl. ▪ www.alkimia.cat ▪ €€

Die minimalistische Einrichtung stellt das geschmackliche Erlebnis in den Vordergrund. Die weitgehend mit regionalen Produkten zubereiteten Gerichte von Chefkoch Jordi Vilà wurden mehrfach ausgezeichnet, u. a. mit einem Michelin-Stern. Bringen Sie ausreichend Zeit mit!

### ⑦ Cinc Sentits
Zu den innovativen Kreationen des Chefkochs Jordi Artal werden exzellente Weine ausgeschenkt. Das Festpreismenü, das montag- bis freitagmittags serviert wird, ist günstig *(siehe S. 113)*.

### ⑧ Pez Vela
**Pg del Mare Nostrum 19/21** ▪ +34 932 924 252 ▪ grupotragaluz.com ▪ €€

In dem modern eingerichteten Restaurant genießen Gäste vorzügliche mediterrane Speisen bei wunderbarer Aussicht aufs Meer. Das Pez Vela befindet sich unterhalb des Hotels W *(siehe S. 143)*.

### ⑨ Tickets Bar
Das zeitgenössische Restaurant serviert außergewöhnliche Tapas wie Thunfisch mit Schinken und Kaviar oder Manchego-Käse-Eiscreme mit Schinken, Senfsauce und Gurken. Das ein wenig schrullige Dekor erinnert an einen Vergnügungspark oder einen alten Zirkus. Diese Ästhetik wird durch entsprechend bunte Akzente und Theaterbeleuchtung ergänzt.

### ⑩ Disfrutar
Ehemalige El-Bulli-Köche führen hier die zeitgenössische avantgardistische Cuisine fort. Das Restaurant hat einen weiß getünchten Innenraum, der als Hommage an die Fischerdörfer der Costa Brava gestaltet wurde, und eine bezaubernde Terrasse. Hier schmecken ein *gazpacho*-Sandwich (Sauerteig, Feta, Rohkost) oder Täubchen *à la marocain (siehe S. 113)*.

---

**Tapas**

*Calamars a la Romana*

**1 Calamars**
Tintenfischringe werden *a la romana* (im Teigmantel gebraten oder frittiert) oder *a la planxa* (gegrillt) serviert.

**2 Patates Braves**
Die beliebten traditionellen Tapas bestehen aus gebratenen Kartoffeln mit einer pikanten Sauce. Ebenso köstlich sind *patates* mit *alioli* (Knoblauchmayonnaise).

**3 Pa amb Tomàquet**
Das Brot mit Tomaten und Olivenöl ist zu allen Tapas ein Muss.

**4 Croquetes**
Ausgebackene Kroketten auf Béchamelsauce-Basis mit Schinken, Hähnchen oder Thunfisch sind stets beliebt.

**5 Musclos o escopinyes**
Zu Barcelonas Meeresfrüchten gehören Mies- und Venusmuscheln.

**6 Truita de patates**
Das am häufigsten servierte Tapas-Gericht ist dieses Kartoffelomelett, oft mit *alioli* serviert.

**7 Ensaladilla russa**
Der »russische Salat« enthält Kartoffeln, Zwiebeln, Thunfisch (oft auch Erbsen, Karotten und andere Gemüse) sowie reichlich Mayonnaise.

**8 Gambes a l'Allet**
Die Vorspeise aus gebratenen Garnelen mit Knoblauch und Olivenöl macht Appetit auf mehr.

**9 Pernil serrà**
Luftgetrockneter Schinken ist eine spanische Leidenschaft. Der beste und teuerste ist Jamón de Bellota aus Andalusien.

**10 Fuet**
Zu *embotits* (katalanische Würste) zählt auch *fuet*, eine trockene, aromatische Sorte, für deren Herstellung der katalanische Landkreis Osona berühmt ist.

Preiskategorien der Restaurants siehe S. 85

# TOP 10 Cafés & Bistros

### ① Café Bliss

Das überaus nette Café liegt versteckt in einer Seitenstraße an einem der schönsten gotischen Plätze der Altstadt. Es bietet eine helle Terrasse, bequeme Sofas, internationale Zeitungen und Zeitschriften sowie Kaffee, Kuchen, Snacks und Drinks für romantische Abende *(siehe S. 84)*.

### ② Cafè de l'Òpera

Karte L4 ▪ La Rambla 74
▪ www.cafeoperabcn.com

Das elegante Café aus dem späten 19. Jahrhundert besitzt historisches Flair. Die *cambrers* (Kellner) tragen klassische Westen. Die ehemalige *xocolateria* (Confiserie) ist nach dem gegenüberliegenden Opernhaus Gran Teatre del Liceu benannt. Beim Genuss süßer Köstlichkeiten wie *xurros amb xocolata* (in Fett gebackene Teigstreifen mit Schokolade) kann man dem bunten Treiben auf La Rambla zusehen.

Cafè de l'Òpera an La Rambla

Terrasse der Bar Lobo

### ③ Bar Lobo

Karte Q4 ▪ C/ Pintor Fortuny 3
▪ +34 934 815 346 ▪ &

Das schicke Café ist für das üppige Brunchangebot bekannt. Richtig lebhaft wird es jedoch am Abend: Von Donnerstag bis Samstag bleibt die Bar bis 1.30 Uhr offen, sodass man auf der Terrasse noch einen Drink nehmen kann.

### ④ Laie Llibreria Cafè

Auf dem reichhaltigen Buffet des bezaubernden Cafés in einem Buchladen in Eixample findet man Reis, Pasta, Gemüse, Hühnchen und vieles mehr. Es werden auch preiswerte vegetarische Menüs angeboten *(siehe S. 112)*.

### ⑤ Federal

Karte D4 ▪ C/ Parlament 39
▪ So abends geschl. ▪ www.federal cafe.es/barcelona

Das Café lockt mit gutem Brunch, leichten Gerichten und abendlichen Cocktails ein elegantes einheimisches Publikum an. Es bietet eine romantische kleine Dachterrasse und kostenlosen WLAN-Zugang.

### ⑥ El Filferro

Das helle Café bietet im Innenraum nur Platz für wenige Tische, geräumiger ist es auf der sonnigen Terrasse. Das schätzen vor allem Familien, während sich die Kinder auf dem Spielplatz nebenan vergnügen. El Filferro serviert kreative mediterrane Gerichte, darunter auch Tapas *(siehe S. 105)*.

### **7 Alsur Café**
Karte F3 ■ C/ Roger de Llúria 23
■ +34 936 241 577 ■ www.alsurcafe.com

Immer frisch zubereitete Tapas, Sandwiches und Salate sowie hausgemachte Kuchen erfreuen hier ebenso wie die schöne Atmosphäre. Es gibt auch eine Filiale in El Born und eine vor dem Palau de la Música.

### **8 En Aparté**
Hier gibt man sich französisch, und so kann der Gast aus vielen Käsesorten und feinster *charcuterie* wählen. Die *crème brûlée* schmeckt köstlich, und das Tagesgericht ist ein gutes Angebot. Von den Tischen im Freien überblickt man den Platz *(siehe S. 84)*.

### **9 Granja Dulcinea**
Karte L3 ■ C/ Petritxol 2
■ tägl. 9–13, 17–21 Uhr ■ www.granjadulcinea.com

Die *xocolateries* und *granjes* (Milchbars) am Carrer Petritxol *(siehe S. 80)* stillen die Lust auf Süßes. Auch das altmodische Café bietet Leckereien an. Die Desserts, von *xurros amb xocolata* bis zu Erdbeeren mit Sahne, sind exzellent. Im Sommer gehören *orxates* und *granissats* zum Angebot.

Gebäck in der Granja Dulcinea

### **10 La Tartela**
Karte B3 ■ C/ Llança 32 ■ +34 931 051 015 ■ So abends, Mo geschl.

Die Konditorei unweit der Plaça Espanya stellt seit rund 25 Jahren exquisite Törtchen und Torten in liebevoller Handarbeit her. Die Sacher steht dem Original kaum nach.

**Getränke**

Tasse starker *cigaló*

**1 Cigaló**
Den Kaffee *cigaló (carajillo)* mit einem Schuss *conyac* (Cognac), *whisky* oder *ron* (Rum) serviert man oft zu Imbissen.

**2 Tallat & cafè sol**
Ein *tallat*, eine kleine Tasse Kaffee mit einem Schuss Milch, weckt die Lebensgeister. *Cafè sol* ist schwarzer Kaffee. Im Sommer wird er oft *amb gel* (mit Eis) bestellt.

**3 Cafè amb llet**
Eine große Tasse Milchkaffee trinkt man üblicherweise morgens.

**4 Orxata**
Das beliebte süße, milchig weiße Sommergetränk wird aus eingeweichten und pürierten Mandeln hergestellt.

**5 Granissat**
Der Durstlöscher wird mit Sirup (meist mit Zitronengeschmack) und zerstoßenem Eis zubereitet.

**6 Aigua**
Decken Sie Ihren Flüssigkeitsbedarf mit *aigua mineral* (Mineralwasser) – *amb gas:* mit Kohlensäure, *sense gas:* still.

**7 Cacaolat**
Wer Schokolade liebt, schwärmt von dieser Kakao-Milch-Zubereitung – ein sehr beliebtes Getränk in Spanien.

**8 Una canya & una clara**
*Una canya* ist ein Viertel *cervesa de barril* (Fassbier). *Una clara* ist das Gleiche mit Zitronenlimonade gemischt.

**9 Cava**
Kataloniens Champagner ist der Cava, am bekanntesten sind die Marken Freixenet und Codorníu.

**10 Wermut**
Likörwein serviert mit etwas Sodawasser. Für die *vermutada* auszugehen ist für die Einheimischen ein beliebtes Ritual.

# ⬛TOP10 Shopping

## ① Passeig de Gràcia
**Karte E3**

An dem von prächtigen Modernisme-Gebäuden gesäumten Boulevard haben die großen internationalen Designer wie Chanel, Gucci und Stella McCartney ihre exklusiven Stores, aber auch die in der ganzen Welt beliebten spanischen Labels wie Loewe, Camper, Zara und Mango. Edle Läden finden sich ebenfalls in Seitenstraßen, etwa am Carrer del Consell de Cent, am dem zusätzlich viele Kunstgalerien liegen, aber auch in den *carrers* Mallorca, València und Rosselló.

## ② Carrer de Girona
**Karte P1**

Wer nach bezahlbarer Mode sucht, ist am Carrer de Girona (Metro: Tetuan) richtig. Hier reihen sich die Outlet Stores. Neben Streetwear von Marken wie Mango findet man Abendgarderobe und Schuhe der katalanischen Designer Etxart & Panno, aber auch Edles von Namen wie Javier Simorra. Zuweilen lassen sich Schnäppchen machen.

## ③ Plaça de Catalunya & Carrer de Pelai
**Karte L/M1** ▪ **El Corte Inglés: Pl de Catalunya 14** ▪ **Mo–Sa 9.30–22 Uhr** ▪ **El Triangle: C/ Pelai 39** ▪ **Mo–Sa 9.30–21 Uhr (Juni–Sep: bis 22 Uhr)**

Die Plaça de Catalunya, der betriebsamste Platz der Stadt, ist auch ein Shoppingareal: Er wird von einer Filiale des Kaufhauses El Corte Inglés und dem Shoppingcenter El Triangle flankiert, in dem z. B. FNAC (Bücher, CDs, DVDs) und Séphora (Parfum und Kosmetika) zu finden sind. Der nahe Carrer de Pelai lockt mit Schuh- und Modeläden viele Kaufwillige an.

## ④ Maremagnum
**Karte E6** ▪ **Muelle de España 5** ▪ **tägl. 10–21 Uhr**

Das direkt am Meer gelegene große Shopping- und Entertainmentcenter hat auch sonntags geöffnet. Es beherbergt Filialen aller führenden

**Design- und Modeläden reihen sich am Passeig de Gràcia**

**Fassade des Maremagnum**

Modelinien. Zudem locken hübsche Cafés und Restaurants Besucher an.

### ⑤ Portal de l'Àngel
**Karte M2**

In der Römerzeit diente das Portal de l'Àngel als Zufahrtsweg in die von Mauern umgebene Stadt Barcino. Heute locken zahlreiche Schuh-, Schmuck- und Modeläden Scharen von Shoppingbegeisterten an.

### ⑥ Rambla de Catalunya
**Karte E2**

Die elegante, gepflegte Straße, die sich im Norden an La Rambla anschließt, steht im Kontrast zur trubeligen Jahrmarktsatmosphäre der berühmten Flaniermeile. Exklusive Läden und vornehme Cafés locken eine eher wohlhabende Kundschaft in die Rambla de Catalunya, die von der Plaça de Catalunya bis zur Avinguda Diagonal führt. Das Warenangebot in den Läden reicht von Mode, Schuhen und Lederwaren bis zu Wäsche und Lampen *(siehe S. 109)*.

### ⑦ Carrer de la Portaferrissa
**Karte M3**

Die trendbewussten Läden am Carrer de la Portaferrissa verkaufen Artikel wie Plateauschuhe im Zebralook, Piercingschmuck und pastellfarbene Baby-T-Shirts. Neben den Filialen von Ketten wie H&M, Mango und Naf Naf liegt an der Straße auch das kleine Shoppingcenter El Mercadillo. Nach dem Stöbern durch modische Outfits lohnt sich eine Stippvisite im nahen Carrer del Pi, um bei Fargas (Nr. 16) hübsch verpackte Schokoladenspezialitäten zu kaufen.

### ⑧ Gràcia
**Karte F1**

Entlang dem Carrer d'Astúries und dessen Seitenstraßen sowie an der Travessera de Gràcia liegen zahlreiche alte Buchhandlungen, Läden mit Vintage- und Secondhandmode sowie kleine Lebensmittelläden in Familienhand. Am Carrer Gran de Gràcia findet man Geschäfte, die Mode und Schuhe anbieten.

### ⑨ El Born
**Karte P4**

Im Labyrinth der Straßen von El Born sind neben Kunst- und Designläden aller Art zu finden. Den Passeig del Born und den Carrer Rec säumen progressive kleine Galerien und exzellente Läden mit Mode, Schuhen und Accessoires *(siehe S. 78)*.

**Taschen und Mode, Avinguda Diagonal**

### ⑩ Avinguda Diagonal
**Karte D1**

Der breite, äußerst verkehrsreiche Boulevard schlägt, wie der Name verrät, eine diagonale Schneise quer durch die Stadt. Vor allem der Abschnitt westlich des Passeig de Gràcia bis zum Shoppingcenter L'Illa und der Filiale von El Corte Inglés nahe der Plaça Maria Cristina zählt zu den größten Shoppingmeilen der Stadt. Die Strecke säumen elegante Schuh- und Modeläden wie Armani, Loewe und Hugo Boss sowie zahlreiche Juweliere und Uhrengeschäfte. Auch Läden für Wohnaccessoires sind hier zu finden.

# TOP 10 Märkte

## ① Buch- & Münzmarkt am Mercat de Sant Antoni

**Karte D4** ▪ C/ Comte d'Urgell ▪ So 8–14.30 Uhr ▪ www.mercatdominical desantantoni.com

Für Bücherfreunde ist der Bummel über den Markt ein Genuss. Neben Unmengen gebrauchter (Taschen-) Bücher werden alte Folianten, Magazine, Postkarten und Comics sowie Münzen, DVDs und vieles mehr angeboten.

## ② Fira de Santa Llúcia

**Karte N3** ▪ Pl de la Seu ▪ 1.–23. Dez: tägl. 10.30–20.30 Uhr (Zeiten variieren an einzelnen Ständen) ▪ www.firadesantallucia.cat

Kunsthandwerker stellen ihre Buden für den Weihnachtsmarkt vor der Kathedrale auf. Ein Besuch lohnt sich allein, um die Reihen von *caganers* zu betrachten – kleine Figuren, die sich hinkauern, um *fer caca* (»zu kacken«). Diese katalanischen Figuren werden meist hinten in Krippen versteckt aufgestellt. Verherrlichung des Fäkalen gibt es auch in anderen Weihnachtsbräuchen.

## ③ Els Encants

Der überdachte Flohmarkt ist der beste Barcelonas. Auf einer Fläche von 15 000 Quadratmetern werden u. a. neue und gebrauchte Klei-

**Flohmarkt Els Encants**

dung, Töpferwaren, Elektrogeräte, Spielzeug, Möbel und antiquarische Bücher angeboten. Besucher können sich hier für wenig Geld eine komplette Einrichtung zusammenstellen. Schnäppchenjäger sollten aber früh vor Ort sein *(siehe S. 108)*.

**Mercat de la Boqueria**

## ④ Mercat de la Boqueria

**Karte L3** ▪ La Rambla 91 ▪ Mo–Sa 8–20.30 Uhr

Den berühmten Lebensmittelmarkt an La Rambla *(siehe S. 16f)* sollten Sie sich auf keinen Fall entgehen lassen. Hunderte von Ständen bieten frische Produkte an – von am Strauch gereiften Tomaten über Manchego-Käse bis hin zu Rinderkeulen. Barcelonas Lage am Meer ist an den zahlreichen Fischständen erkennbar.

## ⑤ Fira Artesana

**Karte M3** ▪ Pl del Pi ▪ 1. & 3. Fr, Sa & So im Monat 11–21 Uhr

Während der Fira Artesana verkaufen auf der Plaça del Pi *(siehe S. 47)* im Barri Gòtic zahlreiche Lebensmittelhändler Erzeugnisse aus biologischem Anbau. Der überaus populäre Markt ist auf hausgemachten Käse und Honig spezialisiert – von klarem Kleehonig aus den Pyrenäen bis zu den nussigen Zubereitungsarten.

### 6 Fira de Filatelia i Numismàtica

**Karte L4** ■ **Pl Reial**
■ So 9–14.30 Uhr

Der beliebte Briefmarken- und Münzenmarkt wird auf der eleganten Plaça Reial *(siehe S. 78)* abgehalten. Er lockt Sammler aus der ganzen Stadt an. Auch Telefonkarten und alte *xapes de cava* (Sektkorkenfolien) werden angeboten. Nach Marktschluss findet auf der *plaça* ein behelfsmäßiger Flohmarkt statt. Alte Bewohner des Viertels und Einwanderer breiten ihre Habseligkeiten – alte Lampen, Kleidung und Trödel – auf Tüchern auf dem Boden aus.

### 7 Mercat de Barceloneta

**Karte F6** ■ **Pl Poeta Boscà 1–2, Barceloneta** ■ Mo–Do 7–14, Fr 7–20, Sa 7–15 Uhr ■ www.mercatsbcn.cat

Die Markthalle mit Obst- und Gemüseständen steht an einem weitläufigen Platz in Barceloneta. Das Restaurant Can Ramonet beim Markt ist ein erstklassiges Traditionslokal.

### 8 Mercat dels Antiquaris

**Karte N3** ■ **Pl de la Seu**
■ Sep–Juli: Do 10–21 Uhr
■ www.mercatgoticbcn.com

Sammler durchstöbern auf dem seit Langem bestehenden Markt vor der Kathedrale Schmuck, Uhren, Leuchter, Stickereien und allerlei Nippes.

### 9 Mercat del Art de la Plaça de Sant Josep Oriol

**Karte M4** ■ **Pl de Sant Josep Oriol**
■ Sa 11–20.30, So 10–15 Uhr

Auf dem Platz im Barri Gòtic stellen am Wochenende Künstler ihre Staffeleien auf. Das Angebot reicht von Landschaftsaquarellen bis zu Ölbildern von Kirchen und Schlössern.

### 10 Mercat de Santa Caterina

**Karte N3** ■ **Av Francesc Cambó 16**
■ Mo, Mi, Sa 7.30–15.30, Di, Do, Fr 7.30–20.30 Uhr
■ www.mercatsantacaterina.com

Unter den Lebensmittelmärkten Barcelonas bietet der Mercat de Santa Caterina ein besonders schönes Ambiente: Das Gebäude wurde vom katalanischen Architekten Enric Miralles (1955–2000) entworfen.

Mercat de Santa Caterina

# 🔟 Kostenlose Attraktionen

**Barcelonas Strände sind kostenlos**

### ① Strände

Barcelona hat zehn gepflegte Strände mit einer Gesamtlänge von 4,5 Kilometern. Sie alle kosten keinen Eintritt. Zwischen Ostern und Oktober kann man allerdings Liegen mieten, dafür werden die Abschnitte dann auch beaufsichtigt. Zahlreiche *xiringuitos* bieten Getränke und Snacks an.

### ② Sonntagnachmittags in städtischen Museen
www.ajuntament.barcelona.cat/disenyhub/ca/noticies/diumenge-la-tarda-cap-als-museus

Einige städtische Museen bieten an einem Tag im Monat kostenlosen Eintritt an, meist ist es der erste Sonntag im Monat. An jedem Sonntag ist der Eintritt ab 15 Uhr frei. Zu diesen Museen gehören das Centre de Cultura Contemporània de Barcelona (CCCB), das Museu del Disseny, das Museu d'Història de Barcelona (MUHBA) und das Museu Blau (Hauptort des Museu de Ciències Naturals). Eine vollständige Liste bietet die Website von Barcelona Turisme (www.barcelonaturisme.com).

### ③ Font Màgica

Die Wasserspiele mit Musik und farbigem Licht bieten ein schönes choreografiertes Konzerterlebnis ganz ohne Eintritt. Das Musikprogramm rangiert von Klassik bis Disney-Filmmusik (Infos dazu auf der Website von Barcelona Turisme). Das Piromusical, ein großes Feuerwerk mit Musik und Lasershow am Ende der Festes de la Mercè, findet ebenfalls hier statt *(siehe S. 95)*.

### ④ Música als Parcs

Unter dem Motto »Música als Parcs« bietet die Stadt kostenlose Konzerte in den Parks an: Jazz, klassische und zeitgenössische Musik. Hauptort ist der Parc de la Ciutadella. Das vollständige Programm finden Sie auf der Website von Barcelona Turisme.

### ⑤ La Capella
**Karte K3** ▪ **C/ Hospital 56**
▪ variierende Öffnungszeiten
▪ www.lacapella.barcelona

Die Kapelle des Antic Hospital de la Santa Creu *(siehe S. 89)* wird für Ausstellungen zeitgenössischer Kunst genutzt. Meist sind es Arbeiten von noch unbekannten Künstlern.

### ⑥ Festes
www.bcn.cat/calendarifestius

Jedes Viertel feiert seine eigene *festa major* – in Gràcia wilder als in Poble Sec. Bei den Stadtteilfesten werden katalanische Traditionen gepflegt, von *castells* (Menschentürme) bis zu *correfocs* (laufende Feuer). Zu den größten Events gehören die Festes de la Mercè *(siehe S. 73)*.

**Feuerwerk bei den Festes de la Mercè**

**7 Spektakuläre Panoramen**

Mit seinem Reichtum an *miradors* (Aussichtspunkten) bietet Barcelona reichlich Gelegenheit, die Schönheit der Stadt zu erleben. Zu den beliebtesten gehören die Bunkers del Carmel *(siehe S. 50)* und der Tibidabo *(siehe S. 117).*

**8 Carretera de les Aigües**

Diesen Weg am Parc de Collserola *(siehe S. 119)* entlang schätzen Mountainbiker ebenso wie Jogger und Wanderer. An vielen Stellen hat man einen wunderbaren Blick über die Stadt und aufs Meer. Für die Anfahrt nehmen Sie den FGC-Zug nach Peu de la Funicular, dann den Funicular bis zur Haltestelle Carretera auf halbem Weg.

*Cap de Barcelona von Roy Lichtenstein*

**9 Street Art**

Die Straßen Barcelonas sind voller Arbeiten weltbekannter Künstler. Auf der Rambla del Raval steht Boteros Bronze *El gato*, im Hafen sehen Sie Lichtensteins *Cap de Barcelona* und Mariscals *Gambrinus*, Gehrys glitzernden *Fisch* am Meer und Mirós *Dona i ocell* im Parc de Joan Miró *(siehe S. 49)*. Mirós Mosaik *Pla de l'Os* (1976) ziert das Pflaster nahe der Plaça de la Boqueria.

**10 48 h Open House Barcelona**

www.48hopenhousebarcelona.org
Beim »Tag der offenen Tür« können Sie ein Wochenende lang Gebäude besichtigen, die sonst für Besucher geschlossen sind – vom Arc de Triomf bis zum Ateneu Barcelonès.

**Barcelona für wenig Geld**

**Wasserfall am Montjuïc**

**1** Kaufen Sie alles für ein Picknick und genießen Sie die frischen Produkte am Strand oder in einem Park am Montjuïc. Dafür ist der Parc Jacint Mossen Cinto mit seinen Seerosenteichen und schattigen Plätzchen besonders schön.

**2** Wenn Sie viele Museen besichtigen und die öffentlichen Verkehrsmittel nutzen wollen, lohnt sich der Kauf der Barcelona Card, die für drei Tage 48 € kostet.

**3** Das *Articket* für 35 € erlaubt den Eintritt in sechs Museen (Picasso, Museu Nacional, MACBA, Tàpies, CCCB und Miró). Man spart dabei fast die Hälfte gegenüber den Einzeltickets.

**4** Im Sommer werden am Strand von Barcelona kostenlose Filmvorführungen veranstaltet.

**5** Einige Kinos und Theater bieten am *Dia del Espectador* (meist Mo, Di oder Mi bzw. zu den ersten Vorführungen gegen 16 Uhr) ermäßigte Eintrittspreise.

**6** Unter der Woche bieten viele Restaurants mittags ein preiswertes *menú del migdia*. Es umfasst zwei oder drei Gänge, oft auch noch einen Kaffee danach.

**7** Preiswert nutzen Sie die öffentlichen Verkehrsmittel mit dem Ticket T-Casual, das es für zehn Fahrten, jedoch ohne Einbeziehung des Flughafens gibt.

**8** Studentenwohnheime wie die Residència Àgora BCN und die Residència Erasmus bieten in den Sommerferien preiswerte Übernachtungsmöglichkeiten an.

**9** Günstig kauft man Mode (etwa von Mango, Extart & Panno oder Nice Things) in Outlet Stores am Carrer de Girona, nahe der Gran Via.

**10** Alle Tickets und Pässe, die Barcelona Turisme anbietet, sind billiger, wenn Sie sie online kaufen.

# TOP10 Festivals & Events

**Bunter Carnaval in Sitges**

### ① Farbenfroher Carnaval
**Feb/März**

Barcelonas einwöchiger Karneval beginnt am *dijous gras* (Do vor Karneval) mit einer Parade auf der Rambla. Angeführt vom Karnevalskönigspaar gipfelt sie in einer Konfettischlacht. Der Strandort Sitges *(siehe S. 127)* ist beim farbenprächtigen Karneval besonders lebhaft.

### ② Llum BCN
**Feb**

Im Februar erleuchtet Barcelonas Lichterfest das ehemalige Lagerhausviertel Poble Nou. Gebäude, und Plätze werden prachtvoll illuminiert, Lichtinstallationen schaffen ein einzigartiges Flair.

### ③ El Dia de Sant Jordi
**23. April**

An diesem Frühlingstag verwandelt sich Barcelona in einen lebhaften Bücher- und Blumenmarkt. Zu Ehren des hl. Georg *(siehe S. 41)* schenken sich Männer und Frauen Rosen oder – zu Ehren der Schriftsteller Cervantes und Shakespeare, die am 22. bzw. 23. April 1616 starben – Bücher.

### ④ La Revetlla de Sant Joan
**23. Juni**

Katalonien feiert den hl. Johannes und den Sommeranfang mit nächt-lichen Freudenfeuern. In größeren Städten werden Feuerwerke veranstaltet, an manchen Stränden und in vielen kleineren Orten brennt man große Feuer ab.

### ⑤ LGBTQ+ Events
**www.pridebarcelona.org**
■ **www.circuitfestival.net/Barcelona**

Barcelona hat eine sehr lebendige LGBTQ+ Szene mit vielen Clubs, in denen bis in die Morgenstunden gefeiert wird. Zum kunterbunten Veranstaltungsprogramm der Pride Week (Juni) gehören auch Paraden und Konzerte. Beim Circuit Festival (Aug) strömen die Menschen zu einer riesigen LGBTQ+ Party an Barcelonas Strände.

### ⑥ Castells
**Juni**

Geübte und gut trainierte *castellers* bilden Menschenpyramiden, indem sie sich übereinander auf die Schultern stellen. Der höchste Turm gewinnt den Preis. Zuletzt erklimmt ein Kind die Pyramidenspitze und schlägt ein Kreuz. Den Aufbau von *castells* kann man oft auf der Plaça de Sant Jaume beobachten.

### ⑦ Stadtteilfeste

Im Sommer gibt in jedem Viertel ein großes Fest *(siehe S. 70)*. Am bekanntesten ist die *festa major* in Gràcia (Aug) mit vielen Konzerten. Bei den Festen in Poble Sec (Juli) und Sants (Aug) gibt es besonders aufwendige Paraden.

**Bei der Festa Major de Gràcia**

### 8 Festes de la Mercè
**Woche um den 24. Sep**

Die ausgelassenen Feiern zu Ehren der Virgen Mercè *(siehe S. 41)* sind das größte Fest der Stadt. Feuerwerke erhellen den Nachthimmel, Konzerte finden im Freien statt. Auf den Umzügen werden *gegants* (große, von Menschen bediente Holzfiguren) mitgeführt. Beim Feuerlauf werden Feuer speiende Drachen durch die Straßen getrieben.

*Gegants*, **Festes de la Mercè**

### 9 Filmfestivals

Das alljährlich im Oktober veranstaltete glamouröse Sitges Film Festival (www.sitgesfilmfestival.com) ist das weltweit größte Fest für Fantasy- und Horrorproduktionen. Open-Air-Kino steht im Sommer auf dem Programm, dann zieht das Festival Gandules Anhänger des Arthouse-Kinos in seinen Bann.

### 10 Katalanische Weihnacht

Die Adventszeit beginnt am 1. Dezember mit festlichen Kunsthandwerksmärkten. Bei der Fira de Santa Llúcia, Barcelonas ältestem Weihnachtsmarkt, werden rund um die Kathedrale handgefertigte Produkte verkauft. Am 5. Januar findet die Cavalcada de Reis, der Umzug der Heiligen Drei Könige, statt. In Barcelona kommen diese übers Meer und ziehen anschließend durch die Straßen.

---

**Musik-, Kunst-, Film- & Theaterfestivals**

Feiern beim Festival del Sónar

**1 Guitar BCN**
www.guitarbcn.com
Hier treten Gitarristen aus aller Welt auf.

**2 Jazz Terrassa**
www.jazzterrassa.org
Dieses international renommierte Festival bietet an vielen Orten rund um die Stadt Terrassa Jazzkonzerte.

**3 Ciutat Flamenco**
www.ciutatflamenco.com
Eine Woche lang wird auf dem Mercat de les Flors Flamenco gezeigt.

**4 Primavera Sound**
www.primaverasound.com
Musikfestival mit jeder Menge Pop, Rock und Underground.

**5 Festival del Sónar**
www.sonar.es
Elektronische Musik und Multimedia mit Technikausstellungen und Konzerten.

**6 Grec Festival de Barcelona**
www.barcelona.cat/grec
Barcelonas größtes Musik-, Theater- und Tanzfestival.

**7 Música als Parcs**
www.facebook.com/MusicaParcs
In Parks sind Jazz und Klassik zu hören.

**8 Festival Jardins Pedralbes**
www.festivalpedralbes.com
Internationale Größen des Rock und Pop treten im Parc de Pedralbes auf.

**9 Festival de Música Antiga**
www.auditori.cat
Im Barri Gòtic und im Auditori finden Konzerte mit alter Musik statt.

**10 Festival Internacional de Jazz de Barcelona**
www.jazz.barcelona
Prominente Musiker und experimentelle Künstler spielen live.

# Stadtteile

Inmitten von Barcelona ragt markant
die Sagrada Família auf

# TOP 10 Barri Gòtic & La Ribera

Mosaik, Palau de la Música Catalana

Vor allem im 14. und 15. Jahrhundert wuchs Barcelona rasant. Heute erinnert das Barri Gòtic (gotisches Viertel) mit der Kathedrale im Zentrum, den wunderschön erhaltenen mittelalterlichen Bauten, der Plaça del Rei und den anderen romantischen Plätzen und Gassen an diese Zeit. Östlich des Barri Gòtic erstreckt sich das historische Viertel La Ribera. Fünf der prächtigen Paläste am Carrer de Montcada nimmt das Museu Picasso ein.

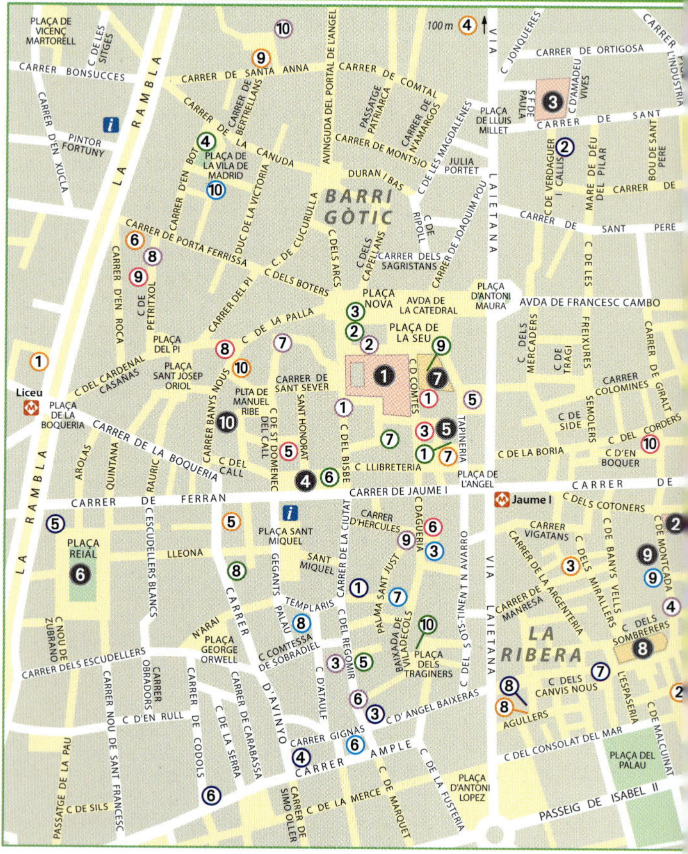

**①** **Kathedrale**
Barcelonas mächtige Kathedrale (1298) erhebt sich hoch über dem Barri Gòtic *(siehe S. 18f)*.

**②** **Museu Picasso**
Das Museum präsentiert die Jugendwerke eines der berühmtesten Künstler des 20. Jahrhunderts *(siehe S. 30f)*.

**③** **Palau de la Música Catalana**
Der berühmteste Konzertsaal der Stadt ehrt *la música catalana* sowie den Modernisme *(siehe S. 32f)*.

Fassade des Palau de la Generalitat

**④** **Plaça de Sant Jaume**
Karte M4 ■ Palau de la Generalitat: 012 (innerhalb der Stadt) ■ Führungen 2. & 4. Sa, So im Monat 10.30 –13.30 Uhr, nur mit Online-Reservierung ■ www.presidencia. gencat.cat/ca/ambits_d_actuacio/ palau-de-la-generalitat/visites-al-palau ■ Tage der offenen Tür: 23. Apr, 11. & 23. Sep ■ Ajuntament: Führungen So 10 –13.30 Uhr (10 Uhr auf Englisch)

Wo sich die Plaça de Sant Jaume *(siehe S. 46)* erstreckt, war das Zentrum der römischen Siedlung Barcino. Heute stehen an dem Platz die wichtigsten Regierungsgebäude Barcelonas: der Palau de la Generalitat, Sitz der katalanischen Regierung, und das Ajuntament, das Rathaus. Die Fassade des Palau de la Generalitat (15. Jh.) ziert ein geschnitztes Relief von Sant Jordi, dem Schutzheiligen Kataloniens. Der Palast birgt die bezaubernde Capella de Sant Jordi *(siehe S. 41)*. Prunkstück des gotischen Ajuntament ist der in Rot und Gold gehaltene Saló de Cent, der 1372 –1714 Regierungssitz des Rats der Hundert war. Auch der von Orangenbäumen bestandene Innenhof Pati dels Tarongers mit seinen gotischen Arkadengängen ist sehenswert.

### El Born

Die Bars in El Born locken zahlreiche Besucher mit guten Drinks und Livemusik an. Die ehemals »verstaubte« Gegend erlebte vor einigen Jahren einen Aufschwung und entwickelte sich zu einem interessanten Gebiet. Die preiswerten Mieten und geräumigen Lagerhallen zogen Studenten und Künstler an, die dem altmodischen Viertel eine kreative Atmosphäre verliehen. Heute säumen experimentelle Designerläden ebenso wie traditionelle Wohnhäuser die Gassen. Der lebhafte Passeig del Born, an dem viele Bars und Cafés liegen, führt zur Plaça Comercial. Dort befindet sich die schmiedeeiserne Markthalle Mercat del Born, 1870–1970 in Betrieb, heute ein Kulturzentrum.

**Drei-Grazien-Brunnen an der Plaça Reial**

### ⑤ Museu d'Història de Barcelona (MUHBA)

**Karte N4 ▪ Pl del Rei ▪ +34 932 562 100 ▪ Di–So 10–14, 15–20 Uhr ▪ Eintritt (1. So im Monat & jeder So nach 15 Uhr frei) ▪ ♿ ▪ www.ajuntament. barcelona.cat/museuhistoria**

Im Haupthaus des Museu d'Història de Barcelona an der Plaça del Rei *(siehe S. 46)* sieht man Relikte von der Römerzeit (als Barcelona noch Barcino hieß) bis zum Mittelalter. Interessant sind die Casa Padellàs *(siehe S. 42)* und der Palau Reial mit der Capella de Santa Àgata *(siehe S. 41)* sowie der Saló del Tinell, ein riesiger Festsaal, in dem Ferdinand und Isabella Kolumbus nach seiner ersten Entdeckungsreise 1492/93 empfingen. Hier kann man eine der europaweit größten zugänglichen unterirdischen Fundstellen aus der Römerzeit besichtigen *(siehe S. 81)*, zu den wohl interessantesten Räumlichkeiten gehört eine Weinkellerei aus dem 3. Jahrhundert n. Chr.

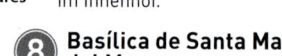

**Museu Frederic Marès**

### ⑥ Plaça Reial

**Karte L4**

Königliche Eleganz aus dem 19. Jahrhundert trifft auf ein fröhliches Partyvolk: Die von Arkaden gesäumte Plaça Reial gehört zu den markantesten und quirligsten Plätzen der Stadt. Im Ambiente des 19. Jahrhunderts blüht eine vitale Cafékultur und Clubszene. Stattliche Gebäude umgeben die mit Palmen bepflanzte *plaça*. Die Modernisme-Laternen wurden 1879 von Gaudí entworfen *(siehe S. 46)*.

### ⑦ Museu Frederic Marès

**Karte N3 ▪ Pl de Sant Iu 5 ▪ +34 932 563 500 ▪ Di–Sa 10–19, So 11–20 Uhr ▪ Eintritt (1. So im Monat & jeder So nach 15 Uhr frei) ▪ ♿ ▪ www.museumares.bcn.cat**

Das faszinierende Museum beherbergt die Privatsammlung des katalanischen Bildhauers Frederic Marès. Der wohlhabende Künstler trug als geschickter Sammler äußerst beeindruckende und wertvolle Objekte zusammen. Darunter befinden sich mehrere Ikonen und Statuen, die eine Spanne von der Römerzeit bis zur Gegenwart umfassen. Das kuriose »Museu Sentimental« präsentiert verschiedenste Exponate – von alten Uhren über Fächer bis hin zu Puppen. Das Cafè d'Estiu *(siehe S. 84)* liegt schön im Innenhof.

### ⑧ Basílica de Santa Maria del Mar

**Karte N5 ▪ Pl de Santa Maria 1 ▪ +34 933 102 390 ▪ Mo–Sa 9–12, 17–20.30, So 10–14, 17–20 Uhr ▪ www. santamariadelmarbarcelona.org**

Die wunderbare Innengestaltung des 14. Jahrhunderts geht auf den

Baumeister Berenguer de Montagut zurück, ein beeindruckendes Beispiel für den gotischen Stil Kataloniens. Die Kirche ist der hl. Maria der Meere geweiht, der Schutzheiligen der Seefahrer. Als »Kirche des Volkes« ist sie für den Austausch von Ehegelübden besonders beliebt.

## ⑨ Museu Etnològic i de Cultures del Món

Karte P4 ▪ C/ Montcada 12 ▪ +34 932 562 300 ▪ tägl. 10 – 20.30 Uhr ▪ Eintritt (1. So im Monat & jeder So nach 15 Uhr frei) ▪ 🚇 & ▪ www.barcelona.cat/ museu-etnologic-culturesmon

Gegenstand des 2015 eröffneten Museums sind die Weltkulturen. In Räumen des Palau Nadal (16. Jh.) und des Palau del Marquès de Lliò (13. Jh.) sind rund 700 Artefakte zu sehen, die Besuchern die Kulturen Asiens, Afrikas, Süd- und Zentralamerikas sowie Ozeaniens näherbringen – von Hindu-Skulpturen bis zur australischen Aborigines-Kunst.

**Museu Etnològic i de Cultures del Món**

## ⑩ El Call

Karte M4 ▪ Singagoga Major: C/ Marlet 2; +34 933 170 790; Eintritt ▪ MUHBA El Call: Plaçeta del Manuel Ribé s/n; +34 932 562 122; Eintritt

Das frühere jüdische Viertel Barcelonas war als El Call bekannt und beherbergte bis zu ihrer Vertreibung ab 1492 eine der größten jüdischen Gemeinden in Europa. Einige Gebäude aus dieser Zeit sind erhalten, darunter die kleine Synagoge im Carrer de Marlet. Der Ausstellungsraum MUHBA El Call beleuchtet die jüdische Geschichte Barcelonas.

## Spaziergang

### ▶ Vormittags

Von der **Metro-Station Jaume I** führt die Via Laietana zur **Plaça de Ramon Berenguer el Gran** (siehe S. 80), an der man ein Stück der antiken römischen Stadtmauer sehen kann. Gehen Sie zur Metro-Station zurück und nehmen dort den C/ Jaume I, um zur **Plaça de Sant Jaume** zu gelangen, der Stelle des alten römischen Forums. Der C/ Ciutat links geht in den C/ Regomir über. Nr. 3 ist das **Pati Llimona Centre Cívic** (siehe S. 81), wo man ein Stück Stadtmauer, eines der vier Tore in die Stadt und die Ruinen von Thermalbädern sehen kann. Zum Pati Llimona gehört ein günstiges Café, ansonsten können Sie für einen Mittagsimbiss im **Bliss** an der Plaça de Sant Just einkehren.

### Nachmittags

Gehen Sie zur Plaça de Sant Jaume zurück. Im abzweigenden C/ Paradís finden Sie die Reste des **Temple d'August**. Am Ende der Straße biegen Sie nach rechts zur **Plaça del Rei**. Stärken Sie sich in der Café-Bar **L'Antiquari** (siehe S. 84), bevor Sie das **Museu d'Història de Barcelona** (MUHBA) mit Funden aus dem römischen Barcino besichtigen. Gehen Sie zurück zum C/ Comtes, der an der **Kathedrale** vorbeiführt, biegen Sie nach rechts und überqueren Sie die Plaça Nova. Der C/ Arcs führt zur **Avinguda Portal de l'Àngel**. Über den C/ Canuda kommen Sie zur **Plaça de la Vila de Madrid**, wo Sarkophage außerhalb der Stadtmauern lehnen.

Siehe Karte S. 76f

# Dies & Das

Carrer del Bisbe mit neugotischer Brücke

## ① Carrer del Bisbe
Karte M3

Der mittelalterliche Carrer del Bisbe wird von den gotischen Cases dels Canonges und dem Palau de la Generalitat *(siehe S. 77)* flankiert. Eine neugotische Steinbrücke mit Bogen (1928) verbindet die Gebäude.

## ② Carrer de Santa Llúcia
Karte M3

In der Straße sind oft Hobby-Opernsänger zu hören. Die Casa de l'Ardiaca *(siehe S. 19)* hat einen hübschen Patio mit Palmen und Brunnen.

## ③ Capella de Sant Cristòfol
Karte M4 ▪ C/ Regomir 6 – 8

Die Kapelle von 1503 ist dem Schutzpatron der Reisenden geweiht. Anlässlich des Festtags des Heiligen (25. Juli) werden vor der Kapelle die vorbeifahrenden Autos gesegnet.

## ④ Carrer de Montcada
Karte P4

Zu den schönsten gotischen Prachtbauten an der »Palastzeile« von La Ribera zählen der Palau Aguilar (15. Jh.), in dem ein Teil des Museu Picasso *(siehe S. 30f)* untergebracht

ist, und der Palau Dalmases, zu dem auch eine Kapelle gehört.

## ⑤ Plaça de Ramon Berenguer el Gran
Karte N3

An diesem Platz ist einer der größten intakten Abschnitte der römischen Stadtmauer erhalten.

## ⑥ Carrer Regomir & Carrer del Correu Vell
Karte M5

Am Carrer Regomir beeindrucken römische Relikte. Zwei Türme aus römischer Zeit stehen nahe dem Carrer del Correu Vell. An der baumbestandenen Plaça dels Traginers liegen Teile der Stadtmauer.

## ⑦ Plaça de Sant Felip Neri
Karte M3

Auf den ruhigen Platz *(siehe S. 58)* vor dem Museu del Calçat, das Schuhe ausstellt, fällt das Sonnenlicht durch hohe Bäume.

## ⑧ Carrer Petritxol
Karte L3

An der mittelalterlichen Straße liegen traditionelle *granges* und *xocolateries* (Cafés und Konditoreien). Hier ist auch die 1877 gegründete Galerie Sala Parés, die schon Werke von Picasso, Casas und deren Zeitgenossen ausstellte, ansässig.

## ⑨ Església de Sant Just i Sant Pastor
Karte M4 ▪ Pl de Sant Just s/n ▪ +34 933 017 433 ▪ basilicasantjust.cat

Die gotische Kirche (1342) birgt Skulpturen, die bis in das 9. Jahrhundert zurückreichen, sowie ein westgotisches Taufbecken (5. Jh.).

## ⑩ Església de Santa Anna
Karte M2 ▪ C/ Santa Anna 29 ▪ +34 933 013 576

Die romanische Kirche mit einem begrünten gotischen Kreuzgang des 15. Jahrhunderts liegt nur wenige Schritte von La Rambla entfernt.

# Römisches Erbe Barcelonas

**① MUHBA**

Über das gesamte MUHBA *(siehe S. 78)* verteilt sind Überreste von Barcino, der römischen Siedlung, aus der sich Barcelona entwickelte. Einige Bereiche sind bemerkenswert intakt, darunter auch Wege, die noch immer Karrenspuren aufweisen, und Waschzuber mit originalen Farbspuren.

**② Altes Stadttor**
Karte M3 ■ Pl Nova & C/ del Bisbe

Die Türme am Eingang zum Carrer del Bisbe sind die Überreste der Porta Praetoria (4. Jh.), des einzigen erhaltenen Eingangstors zur römischen Stadt.

**③ Aquädukt**
Karte M3 ■ Pl Nova & C/ del Bisbe

Gegenüber der Porta Praetoria befindet sich ein Torbogen. Er ist Teil eines rekonstruierten Aquädukts, über das die Stadt mit Wasser versorgt wurde. Davor zeigt eine Tafel das Gedicht *Barcino* des katalanischen Autors Joan Brossa.

**④ Via Sepulcral Romana**
Karte M2 ■ Pl de la Vila de Madrid ■ Di 11–14, So 11–19 Uhr ■ Eintritt ■ www.barcelona.cat/museuhistoria

Die Römer bestatteten ihre Toten in Gräbern vor der Stadtmauer. In dieser Nekropole (1.–3. Jh.) sind mehrere Sarkophage erhalten, die von der Plaça de la Vila de Madrid aus zu sehen sind.

In der Via Sepulcral Romana

**⑤ Portal del Mar & Bäder**
Karte M4 ■ Pati Limona Centre Cívic: C/ Regomir 3 ■ Mo–Fr 10–14, 16–18 Uhr ■ www.patillimona.net

Reisende sowie Waren, die per Schiff gebracht wurden, passierten dieses Tor, um in die Stadt zu gelangen. Ein Bad war für die Reisenden obligatorisch, die Überreste der Anlage sind neben dem Tor zu sehen.

**⑥ Forum**
Karte M4 ■ Pl de Sant Jaume

Der große Platz am Schnittpunkt der als *cardus* und *decumanus* bezeichneten Hauptachsen der römischen Siedlung war zentraler Treffpunkt und Marktplatz.

**⑦ Temple d'August**
Karte M4 ■ C/ Paradís s/n ■ www.barcelona.cat/museuhistoria

Eine Gasse neben der Plaça de Sant Jaume führt zu vier Säulen (9 m hoch), den einzigen Überresten des Augustustempels (1. Jh. v. Chr.).

**⑧ Römisches Domus**
Karte M4 ■ C/ Avinyó 15 ■ tägl. 10–14, 16–19 Uhr ■ Eintritt ■ www.barcelona.cat/museuhistoria

Dieses römische Haus (1.–4. Jh.) wurde 2004 entdeckt. Teile der ursprünglichen Wandmalereien und Mosaiken sind noch erhalten.

**⑨ Stadtmauer**
Karte N3 ■ Pl de Ramon Berenguer el Gran

Einer der besterhaltenen Abschnitte der römischen Stadtmauer ist mit Türmen bestückt, die in die Plaça de Ramon Berenguer el Gran einbezogen wurden *(siehe S. 80)*.

**⑩ Wachturm**
Karte N5 ■ Pl dels Traginers

Dieser hohe Wachturm mit rundem Grundriss (4. Jh.) gehört zur Kette aus insgesamt 78 Verteidigungsbauten, die in die Stadtmauer integriert waren.

Siehe Karte S. 76f

# Shopping

### 1 Escribà Confiteria i Fleca
**Karte L3 ■ La Rambla 83 ■ www.escriba.es**
Die Modernisme-Ladenfront verzaubert ebenso wie die angebotenen Kuchen und Schokoladenkreationen, die man mitnehmen oder im Café genießen kann.

### 2 La Manual Alpargatera
**Karte M4 ■ C/ Avinyó 7 ■ So geschl. ■ www.lamanualcom**
Persönlichkeiten wie Papst Johannes Paul II., Jack Nicholson und Salvador Dalí zählten schon zu den Kunden dieses Schuhgeschäfts.

Schuhe von La Manual Alpargatera

### 3 Colmado
**Karte P5 ■ C/ Brosoli 5 ■ www.colmadoshop.com**
Diese kleine Boutique bietet eine Auswahl an Kleidung und Accessoires von Labels wie Costa, Heinui und Wolf & Moon.

### 4 Sombrerería Mil
**Karte N1 ■ C/ Fontanella 20 ■ So geschl. ■ www.sombrereriamil.com**
Der Hutladen feierte 2017 sein 100-jähriges Bestehen. Die Auswahl an traditionellen wie modernen Hutmodellen für Damen und für Herren ist eindrucksvoll.

### 5 Beatriz Furest
**Karte P5 ■ C/ Esparteria 1 ■ So geschl. ■ www.beatrizfurest.com**
Die Boutique führt Handtaschen, Geldbörsen und Schuhe der Designerin Beatriz Furest.

### 6 Casa Colomina
**Karte M3 ■ C/ Cucurulla 2 ■ www.casacolomina.es**
Das 1908 gegründete Geschäft bietet eine riesige Auswahl an *torró*, der spanischen Spezialität aus weißem Nougat, sowie wunderbare Schokoladen- und Marzipanköstlichkeiten.

### 7 Cereria Subirà
**Karte N4 ■ Baixada Llibreteria 7 ■ So geschl. ■ www.cereriasubira.cat**
Cereria Subirà ist der älteste Laden Barcelonas, gegründet wurde er 1761. Heute verkauft das Geschäft Kerzen aller Art.

### 8 Vila Viniteca
**Karte N5 ■ C/ Agullers 7 ■ So geschl. ■ www.vilaviniteca.es**
Die Vinothek bietet eine exzellente Auswahl an Weinen und Spirituosen. Im Laden gibt es spanische Delikatessen wie Schinken, Käse und Olivenöl.

### 9 Guantería Alonso
**Karte M2 ■ C/ Santa Anna 27 ■ So geschl. ■ www.guanteria-alonso.com**
Der alteingesessene Laden vertreibt bunte handbemalte Fächer, handgefertigte Handschuhe, reich verzierte Tücher, kunstvoll gearbeitete Kämme und traditionelle Accessoires.

### 10 L'Arca
**Karte M3 ■ C/ Banys Nous 20 ■ www.larcabarcelona.com**
Der Laden führt historische Kleidungsstücke wie Korsetts, seidene Umhänge und puffärmelige Hemden.

**Bunter Seidenschal von L'Arca**

# Cocktailbars & Unterhaltung

**(1) Bar L'Ascensor**
Karte M4 ▪ C/ Bellafila 3 ▪ +34
933 185 347 ▪ tägl. 17.30 – 1.30 Uhr
(Fr, Sa bis 2.30)

Ein altmodischer *ascensor* (Aufzug)
führt in die gedämpft beleuchtete,
freundliche Bar, in der die Gäste
erstklassige Cocktails genießen.

**(2) Antic Teatre Café-Bar**
Karte N2 ▪ C/ Verdaguer i Callís
12 ▪ tägl. 10 –23.30 Uhr (Sa, So ab 17)
▪ www.anticteatre.com

Die unkonventionelle Café-Bar *(siehe
S. 60)* liegt im schönen Innenhof
eines kleinen Theaters. Nehmen Sie
an einem der von Bäumen beschat-
teten Tische Platz!

Wohnzimmeratmosphäre im Milk

**(3) Milk**
Karte M5 ▪ C/ d'En Gignàs 21
▪ +34 932 680 922 ▪ Mo, Do, So 9 – 24,
Di, Mi 9 –16, Fr, Sa 9 –1 Uhr

Das Milk ist wie ein Wohnzimmer
eingerichtet und serviert täglich
Brunch (9 –16.30 Uhr) sowie Mittag-
und Abendessen.

**(4) Las Cuevas de los Rajahs**
Karte M5 ▪ C/ d'En Gignàs 2 ▪ Di – So
19 – 3 Uhr ▪ www.lascuevasbar.com

Die Bar in einem höhlenartigen Raum
serviert Cocktails, Bier und Wein.

**(5) Glaciar**
Karte L4 ▪ Pl Reial 3 ▪ +34 933
021 163 ▪ tägl. 10 – 2 Uhr

Sichern Sie sich in dieser Café-Bar
einen Platz auf der Terrasse, um das
Treiben auf der *plaça* aus der ersten
Reihe beobachten zu können.

Das Polaroid im Stil der 1980er Jahre

**(6) Polaroid**
Karte M5 ▪ C/ Còdols 29
▪ tägl. 19 – 2.30 Uhr

Die im Stil der 1980er Jahre eingerichtete Bar bietet großartigen
Retro-Sound. Zu den Drinks werden
meist große Schüsseln kostenlosen
Popcorns gereicht.

**(7) La Vinya del Senyor**
Karte N5 ▪ Pl Santa Maria 5
▪ +34 933 103 379 ▪ Zeiten variieren

Die Bar ist das Ziel von Weinliebha-
bern aus der ganzen Stadt. Sie bietet
eine erlesene Auswahl an spanischen und internationalen Weinen.

**(8) Collage Art & Cocktail Social Club**
Karte N5 ▪ C/ Consellers 4 ▪ tägl.
20 – 3 Uhr

Hervorragende Cocktails mixt man
hier entweder ganz klassisch oder
experimentierfreudig. Die Lounge
im Obergeschoss zeigt kleine Kunstausstellungen.

**(9) Paradiso**
Karte F5 ▪ C/ de Riera Palau 4
▪ tägl. 19 – 2.30 Uhr

Die Bar ist über eine Gourmet-Sand-
wichbar zugänglich. Die Getränke
werden kunstvoll präsentiert.

**(10) Mudanzas**
Karte P5 ▪ C/ Vidrieria 15 ▪ +34
933 191 137 ▪ tägl. 11 – 2.30 Uhr

Das Lokal hat runde Marmortische
und schwarz-weiß gefliste Böden.

Siehe Karte S. 76f

# Cafés & Bistros

**①** **Cafè d'Estiu**
Karte N3 ▪ Pl de Sant Iu 5–6
▪ +34 933 103 014 ▪ Nov–März geschl.
▪ ♿

Das Café im Innenhof des Museu Frederic Marès *(siehe S. 78)* zieren steinerne Säulen und Orangenbäume. Das Ticket fürs Museum garantiert ermäßigte Preisen im Café.

**②** **Demasié**
Karte F5 ▪ C/ de la Princesa 28
▪ +34 932 691 180 ▪ www.demasie.es

Die Bäckerei serviert fantastische Kuchen und Kekse. Frisch gepresste Säfte und feinster Kaffee sind weitere Markenzeichen.

**③** **L'Antiquari**
Karte N4 ▪ C/ Veguer 13
▪ +34 934 619 589

Auf der Terrasse des Cafés kann man die Atmosphäre der Altstadt genießen. Abends lädt die Bodega im Obergeschoss zu Rioja ein.

**④** **Elsa y Fred**
Karte F4 & Q2 ▪ C/ Rec Comtal 11
▪ +34 935 016 611 ▪ www.elsayfred.es

Die großen Fenster und die Ledersessel laden zu einem ausgedehnten Brunch ein. Von klassischen *patates braves* bis hin zum Lachs-Sushi ist viel Auswahl.

**⑤** **Tetería Salterio**
Karte M4 ▪ C/ Sant Domenec del Call 4 ▪ +34 933 025 028 ▪ Mo–Fr abends geschl.

Das Café bietet Tee und süße arabische Kuchen. Auch die üppig gefüllte orientalische Pizza *sardo* ist empfehlenswert.

**⑥** **Café Bliss**
Karte N4 ▪ Pl Sant Just ▪ +34 932 681 022

Das Café lockt mit köstlichen Kuchen und Imbissen. Es gibt auch Tische im Freien *(siehe S. 64)*.

**⑦** **En Aparté**
Karte P2 ▪ C/ Lluís el Piadós 2
▪ +34 932 691 335 ▪ www.enaparte.es

Französische Küche und Weine, viele Brunch-Gerichte und guter Kaffee zeichnen das Lokal aus. Machen Sie es sich auf der Terrasse bequem *(siehe S. 65)*.

**⑧** **Caelum**
Karte M3 ▪ C/ Palla 8
▪ +34 933 026 993

In dem einstigen Badehaus aus dem 15. Jahrhundert werden im oberen Stockwerk Honig, Eingemachtes und andere Erzeugnisse aus spanischen Klöstern verkauft. Im Café im Erdgeschoss kann man alles probieren.

**⑨** **La Granja Pallaresa**
Karte L3 ▪ C/ Petritxol 11
▪ +34 933 022 036 ▪ mittags geschl.

Die *xocolateria* lockt mit herrlichen *xurros*. Das Fettgebäck wird in dicke heiße Schokolade getunkt.

**⑩** **Bar del Pla**
Karte P4 ▪ C/ Montcada 2
▪ +34 932 683 003 ▪ So geschl.

Hier gibt es Tapas mit französischer Note, etwa Schweinsfuß mit *foie gras* oder Tintenfischkroketten.

Eingang zur Bar del Pla

# Restaurants & Tapas-Bars

### ① Bar Mundial
**Karte P3 ▪ Pl de Sant Agustí Vell 1 ▪ +34 933 199 056 ▪ Mo geschl. ▪ €**

In der 1925 eröffneten Tapas-Bar stehen noch die originalen Marmortische. Die Speisekarte wechselt häufig, immer eine Empfehlung ist das ausgezeichnete Seafood.

### ② Cal Pep
**Karte P5 ▪ Pl de les Olles 8 ▪ +34 933 107 961 ▪ So; Mo mittags & letzte drei Wochen im Aug geschl. ▪ €€**

Feinste Tapas und frisches Seafood überzeugen die Gäste in dem beliebten Lokal.

### ③ Cafè de l'Acadèmia
**Karte N4 ▪ C/ Lledó 1 ▪ +34 933 198 253 ▪ Sa, So & Aug geschl. ▪ €€**

Das Lokal serviert in einem Gebäude aus dem 18. Jahrhundert exzellente katalanische Gerichte und Desserts zum Niederknien.

### ④ Casa Delfín
**Karte F5 ▪ Pg del Born 36 ▪ +34 933 193 068 ▪ €€**

Die Küche des hübschen Bistros achtet auf die Frische der Produkte und bereitet alles gekonnt und sehr fantasievoll zu. Die frittierten Artischocken mit Romesco-Sauce sind super.

### ⑤ Llamber
**Karte F4 & P4 ▪ C/ Fusina 5 ▪ +34 933 196 250 ▪ €€**

Das Ambiente gleicht einem Loft mit Backsteinmauern und Holzbalken. Serviert wird moderne spanische Küche aus saisonalen Produkten (teils aus eigenem Anbau) und edlen Meeresfrüchten. Gute Weinauswahl.

### ⑥ Agut
**Karte M5 ▪ C/ d'En Gignàs 16 ▪ +34 933 151 709 ▪ So, Di – Do abends, Mo, Aug & 1 Woche im Jan geschl. ▪ 🅰 ▪ €€**

Das Restaurant in Familienbesitz serviert seit 1924 katalanische Gerichte zu vernünftigen Preisen.

**Preiskategorien**

Preis für ein Drei-Gänge-Menü (oder Vergleichbares) pro Person mit einer halben Flasche Wein inkl. Steuern und Service.

€ unter 35 €  €€ 35 – 50 €  €€€ über 50 €

### ⑦ Bodega La Palma
**Karte M4 ▪ Palma de Sant Just 7 ▪ +34 933 150 656 ▪ So geschl. ▪ €**

In einem ehemaligen Weinkeller serviert die Bodega vor allem Tapas zum Wein. Probieren Sie die gefüllten Piquillo-Paprika.

Legere Bistro-Atmosphäre im Rasoterra

### ⑧ Rasoterra
**Karte M4 ▪ C/ Palau 5 ▪ +34 933 186 926 ▪ Mo; Di – Fr mittags geschl. ▪ €€**

Als Verfechter der Slow-Food-Bewegung setzen die Besitzer des Lokals auf vegetarische und vegane Gerichte sowie Bioweine und Bier.

### ⑨ El Xampanyet
**Karte P4 ▪ C/ Montcada 22 ▪ +34 933 197 003 ▪ So & Mo geschl. ▪ €**

Die nostalgische Bar ist wegen des Cava und der Auswahl an klassischen Tapas sehr beliebt.

### ⑩ Govinda
**Karte M2 ▪ Pl Vila de Madrid 4 ▪ +34 933 187 729 ▪ Sa abends, So geschl. ▪ 🅰 ▪ €**

Das Lokal serviert hauptsächlich vegetarische indische Gerichte. Es wird kein Alkohol ausgeschenkt.

Siehe Karte S. 76f

# El Raval

Das ehemalige Arbeiterviertel El Raval ist hip geworden. Der Bau des Museu d'Art Contemporani (MACBA) hat wesentlich zur Gentrifizierung beigetragen. Auf seine Eröffnung folgten in den 1990er Jahren Sanierungsmaßnahmen. Jetzt stehen edle Kunstgalerien neben vom Rauch vergilbten Bars, schicke Läden haben schäbige Bordelle ersetzt. Das Viertel ist attraktiv für junge Menschen, doch findet man hier auch noch eine Reihe traditioneller Lokale.

Schornstein, Palau Güell

1 **TOP10-Attraktionen**
siehe S. 87–89

1 **Restaurants**
siehe S. 93

1 **Retro- & Secondhand-
läden** siehe S. 91

1 **Bars**
siehe S. 92

1 **Galerien & Design-
läden** siehe S. 90

**Der blendend weiße Bau des MACBA**

### ① Museu d'Art Contemporani (MACBA)

Barcelonas Museum zeitgenössischer Kunst *(siehe S. 34f)* wurde von Richard Meier entworfen. Es präsentiert Werke herausragender spanischer und internationaler Künstler. Wechselausstellungen widmen sich allen Kunstformen – von der Skulptur bis zur Fotografie. Gegenüber steht der gotische Convent des Àngels, den Bartomeu Roig im 16. Jahrhundert für den Dritten Orden der Dominikaner erbaute. Heute nutzt das MACBA die Räume als »Capella MACBA« für Wechselausstellungen zeitgenössischer Kunst. Künftig soll hier der wachsende Sammlungsbestand des MACBA gezeigt werden.

### ② Centre de Cultura Contemporània (CCCB)

Das in der Casa de la Caritat (18. Jh.) untergebrachte CCCB bildet ein Zentrum der blühenden modernen Kunstszene der Stadt. Es bietet u. a. Kunstausstellungen, Filmvorführungen, Lesungen und Vorträge. Der mittelalterliche Hof steht in starkem Kontrast zu der eckigen Glaswand, in der sich die Silhouette der Stadt spiegelt *(siehe S. 34f)*.

### ③ Museu Marítim

Karte K6 ▪ Av de les Drassanes ▪ +34 933 429 920 ▪ tägl. 10 – 20 Uhr ▪ Eintritt (So ab 15 Uhr frei) ▪ *Santa Eulàlia*: Zeiten variieren ▪ www.mmb.cat

Im Museum, das in den Drassanes Reials, den königlichen Werften aus dem 13. Jahrhundert, untergebracht ist, wird Barcelonas Status als einstige Seehandelsmacht mit einzigartigen Exponaten eindrucksvoll verdeutlicht. Die Ausstellungsarchitektur wurde vor Kurzem umfassend modernisiert. In den Werften wurde u. a. das Flagschiff *Real*, das durch die Seeschlacht von Lepanto berühmt wurde, erbaut. Der Schoner *Santa Eulàlia (siehe S. 102)*, ein Dreimaster von 1918, liegt an der Moll de la Fusta vor Anker und kann besichtigt werden.

### ④ Palau Güell

Karte L4 ▪ C/ Nou de la Rambla 3–5 ▪ Apr – Okt: Di – So 10 – 14, 16 – 20 Uhr; Nov – März: Di – So 10 – 17.30 Uhr ▪ Eintritt ▪ www.palauguell.cat

Für den jungen Gaudí wendete sich das Schicksal, als Graf Eusebi Güell seine Begabung entdeckte. 1886 erteilte Güell dem damals noch wenig bekannten Architekten den Auftrag, ein Wohnhaus zu bauen, mit dem sich der Graf von seinen wohlhabenden Nachbarn abheben könne. Ergebnis ist der Palau Güell, eine von Gaudís frühesten Arbeiten. Die Innenräume sind mit Säulen und Holzdecken kunstvoll gestaltet.

**Edles Interieur des Palau Güell**

### ⑤ La Rambla del Raval
**Karte K3–4**

Mit vielen neu gepflanzten Palmen und der Anlage als Fußgängerzone versuchten die Stadtplaner, eine ähnliche Atmosphäre zu schaffen wie auf La Rambla *(siehe S. 16f)*, der weitaus berühmteren Promenade der Stadt. Das beeindruckende konische Gebäude des Hotel Barceló mit der Dachterrasse und die schicke Filmoteca sind markante Zeugnisse des steten Aufstiegs des Viertels. Auf der Rambla del Raval steht Boteros Bronzestatue *El gato (Die Katze)*, auf der Kinder herumklettern. Mit ihren vielen Läden, Bars und Cafés kann La Rambla del Raval schon fast mit der großen »Schwester« konkurrieren.

### ⑥ Avinguda Paral·lel
**Karte B3–D5**

Dieser lange Boulevard war um 1900 die Straße mit der größten Dichte an Theatern in ganz Europa. Im Bürgerkrieg wurden viele Gebäude an der Straße schwer beschädigt. Mit der Restaurierung des legendären Burleske-Theaters und Musik-Cafés El Molino, das als Barcelonas Moulin Rouge gilt und heute wieder bespielt wird *(siehe S. 54)*, begann die Aufwertung der Straße. Heute liegen in der Avinguda Paral·lel die

**Avinguda Paral·lel**

Spielorte vieler Festivals. Das alte Teatro Arnau wurde jüngst umfassend renoviert.

**Laden am Carrer de la Riera Baixa**

### ⑦ Carrer dels Tallers & Carrer de la Riera Baixa
**Karte L1 & K3**

Suchen Sie die typisch französischen blau-weiß gestreiften Hemden, wie sie einst Picasso trug? Oder eine Bootleg-CD von Madonnas Europatour? In den Carrers Tallers und Riera Baixa im Zentrum von El Raval vertreiben Musikläden Langspielplatten und CDs. Andere Geschäfte bieten Hawaiihemden und Arbeitskleidung an. Auf dem Carrer de la Riera Baixa findet samstags von 11 Uhr bis 21 Uhr ein Straßenmarkt statt, auf dem Produkte aus den Läden erhältlich sind.

### ⑧ Filmoteca
**Karte K4 ▪ Pl de Salvador Seguí 1–9 ▪ +34 935 671 070**
**▪ www.filmoteca.cat**

Die Filmoteca ist das katalanische Filmarchiv und nimmt ein großes weißes Gebäude nahe der Rambla del Raval ein. Hier werden Filme nicht nur archiviert, sondern auch restauriert. Es gibt zwei Kinosäle, in denen ein anspruchsvolles Programm gezeigt wird. Oft laufen hier Reihen, entweder nach Themen oder nach Regisseuren zusammengestellt. So gibt es im Januar immer eine Reihe, in der die besten neuen Filme des Vorjahrs präsentiert werden. Viele Events werden speziell für Kinder konzipiert. Die Kinos sind immer gut besucht, nicht zuletzt, weil die Eintrittspreise moderat sind. Die Bibliothek und das Dokumentationszentrum besuchen hauptsächlich Cineasten, das Café mit seiner Terrasse ist bei allen beliebt.

### ⑨ Antic Hospital de la Santa Creu

**Karte K3 ▪ Eingänge: C/ Carme & C/ Hospital 56 ▪ Garten: tägl. 8 – 20 Uhr**

Der gotische Hospitalkomplex (1401) beherbergt heute die Nationalbibliothek und verschiedene Kulturorganisationen. Besucher können durch den von Säulen gesäumten hübschen Garten spazieren. Für den Besuch der Bibliothek ist ein Mitgliedsausweis erforderlich. La Capella dient als Ausstellungsraum für zeitgenössische Kunst *(siehe S. 90)*.

### ⑩ Església de Sant Pau del Camp

**Karte J4 ▪ C/ Sant Pau 101 ▪ Mo – Fr 9.30 –12, 15.30 –18.30 Uhr, Sa 9.30 – 12.30 Uhr ▪ Messen: Sa 20, So 12 Uhr**

Die romanische Kirche im Zentrum von El Raval zählt zu den ältesten Gotteshäusern Barcelonas. Sie wurde im 9. Jahrhundert für das Benediktinerkloster gebaut und später erweitert. Die Kirche hat einen sehr schönen Kreuzgang aus dem 12. Jahrhundert *(siehe S. 40)*.

Església de Sant Pau del Camp

**Spaziergang**

▶ **Vormittags**

Suchen Sie sich eine der zahlreichen aktuellen Ausstellungen im **MACBA** oder im **CCCB** *(siehe S. 87)* aus, die Ihren Interessen entspricht. Beide Zentren liegen nebeneinander und bieten das Beste an internationaler zeitgenössischer Kunst. Danach können Sie im Café mit Blick auf den Innenhof entspannen oder eine Weile den Skateboardern auf der **Plaça dels Àngels** zusehen. Dann nehmen Sie den **Carrer de Joaquín Costa** zur **Rambla del Raval**. Hier reihen sich Cafés und Restaurants – suchen Sie sich eines aus. Bummeln Sie weiter – bestimmt gibt es Neues zu entdecken. **Fernando Boteros** *El gato* kann man auf dem Weg zur **Filmoteca** nicht übersehen.

**Nachmittags**

Auf der Rambla del Raval biegen Sie rechts in den C/ Sant Pau ein und sehen sich die bezaubernde romanische **Església de Sant Pau del Camp** an. Gehen Sie zurück und biegen Sie von der Rambla links in den C/ Nou de la Rambla ein. Nr. 3 ist der **Palau Güell**, eine der ersten Auftragsarbeiten Gaudís, den er als extravaganten Wohnsitz für die Güells gestalten durfte. Bei der Besichtigung der Salons und des Dachs kann man leicht ein wenig neidisch werden. Diesen Kummer vertreibt ein Absinth im **Marsella** *(siehe S. 92)*, einer der ältesten Bars der Stadt. Das Modernisme-Dekor ist ein Grund für den Besuch der **Bar Muy Buenas** *(siehe S. 92)*.

Siehe Karte S. 86

# Galerien & Designläden

### ① Galeria dels Àngels
**Karte L2** ▪ **C/ Pintor Fortuny 27**
▪ **Mo – Fr 10.30 –19** ▪ **www.angels barcelona.com**

Die exzellente Galerie für Fotografie, Malerei und Bildhauerei präsentiert aufstrebende und etablierte Künstler aus dem In- und Ausland.

### ② Miscelanea
**Karte K5** ▪ **C/ Dr Dou 16**
▪ **Di – So 16.30 – 23 (Fr, Sa bis 24 Uhr)** ▪ **Aug geschl.**
▪ **www.miscelanea.info**

Miscelanea ist ein Projekt von Künstlern diverser Genres. Der multifunktionale Raum umfasst eine Galerie mit Ausstellungen aufstrebender Künstler, einen Laden mit Designobjekten und ein Café.

*Fisch von Imanol Ossa*

### ③ Siesta
**Karte K2** ▪ **C/ Ferlandina 18**
▪ **+34 933 178 041** ▪ **Mo – Fr 11–14, 17– 20.30, Sa 11–14 Uhr**

Die Galerie-Boutique führt einzigartige Keramiken, Schmuck und Glaswaren. Sie veranstaltet auch Wechselausstellungen.

### ④ MACBA Store Laie
**Karte K2** ▪ **Pl dels Àngels 1**
▪ **Fr – So** ▪ **www.macba.cat/es/visita/ tienda-libreria**

Der Museumsshop bietet Schreibwaren, Spiele und Kunstbücher.

### ⑤ Grey Street
**Karte D4** ▪ **C/ Peu de la Creu 25**
▪ **Mo – Sa 11 –15, 16 –19 Uhr**
▪ **www.greystreetbarcelona.com**

Der Laden verkauft Kunsthandwerk von Schmuck bis Taschen aus vorwiegend regionaler Herstellung.

### ⑥ La Capella
**Karte K3** ▪ **C/ Hospital 56**
▪ **Zeiten variieren** ▪ **www.lacapella. bcn.cat**

Die von der Stadt geführte Galerie im gotischen Antic Hospital de la Santa Creu *(siehe S. 89)* zeigt Werke aufstrebender Künstler *(siehe S. 70)*.

### ⑦ Imanol Ossa
**Karte D4 & K2**
▪ **C/ Peu de la Creu 24** ▪ **+34 636 805 703** ▪ **www.imanolossa.com**

Das Studio des jungen Designers birgt originelle Lampen, Schmuck und Objekte aller Art. Hier fühlt man sich wie in Aladins Wunderhöhle.

### ⑧ La Xina A.R.T.
**Karte J4** ▪ **Hort de la Bomba 6** ▪ **Do – Sa 17.30 – 20.30 Uhr**
▪ **www.laxinaart.org**

Die Galerie wurde Ende der 1990er Jahre gegründet und präsentiert zeitgenössische Werke.

### ⑨ NuOvum
**Karte L2** ▪ **C/ Pintor Fortuny 30**
▪ **Mo – Sa 11 – 20.30 Uhr** ▪ **www. nuovum.com**

Der Laden bietet ungewöhnliche Designobjekte – von Schmuck über Gemälde bis zu Lampen.

*Lampen im NuOvum*

### ⑩ Roomservice
**Karte E4** ▪ **C/ dels Àngels 16**
**Mo – Fr 11 –14, 16.30 –19 Uhr** ▪ **Aug geschl.** ▪ **www.roomsd.com**

Die Verkaufsgalerie stellt neuestes Design aus, hauptsächlich für die Einrichtung, wie schon der Name ausdrückt. Hier findet man große Namen ebenso wie junge Talente aus Katalonien.

# Retro- & Secondhandläden

**①** **Flamingos**
Karte D4 & K2 ▪ C/ de Ferlandina 20 ▪ +34 931 824 387 ▪ Mo – Sa 11 – 21 Uhr
In dem fabelhaften Vintage-Store zahlen Sie pro Kilo, je nach Kategorie. Hier finden Sie auch alte Poster und Schnickschnack aller Art.

**②** **Holala Ibiza**
Karte L1 ▪ C/ Tallers 73 ▪ +34 933 020 593 ▪ Mo – Sa 11 – 21 Uhr
Auf drei Stockwerken können Sie unbegrenzt stöbern – zwischen Original-Seidenkimonos, Armeehosen und Bademode aus den 1950er Jahren.

Antiquitätenladen im Barri Gotic

**③** **Fusta'm**
Karte K1 ▪ C/ Joaquín Costa 62 ▪ +34 639 527 076 ▪ Mo – Fr 10 – 14, 16 – 20 Uhr
Möbel mit Vergangenheit, Lampen und Objekte aus den 1950er, 1960er und 1970er Jahren werden in der eigenen Werkstatt aufgearbeitet und stehen zum Verkauf.

**④** **Revólver Records**
Karte L2 ▪ C/ Tallers 11 ▪ +34 934 127 358 ▪ Mo – Sa 10 – 21 Uhr
Bilder von Jimi Hendrix und den Rolling Stones zieren die Wände des auf Classic Rock spezialisierten Ladens. Eine Etage bietet CDs, die andere eine riesige Auswahl an LPs.

**⑤** **Wilde Sunglasses Store**
Karte K2 ▪ C/ Joaquín Costa 2
Die plüschige, dezent beleuchtete Boutique führt Sonnenbrillen – von Pilotenbrillen bis hin zu Hornbrillen aus den 1960er Jahren.

**⑥** **Holala Plaza**
Karte L1 ▪ Pl Castella 2 ▪ +34 933 020 593 ▪ Mo – Sa 11 – 21 Uhr
Der riesige Laden im Zentrum von El Raval lockt mit Vintage-Mode, alten Möbeln sowie allerlei Schnickschnack seine Kundschaft an.

**⑦** **La Principal Retro & Co.**
Karte K1 ▪ C/ Valldonzella 52 ▪ Mo – Sa 12 – 14.30, 16.30 – 21.30 Uhr
Die Boutique in einer früheren Molkerei bietet eine Auswahl schicker Trendmode für Frauen und Männer.

**⑧** **Soul BCN**
Karte L1 ▪ C/ Tallers 15 ▪ +34 934 813 294 ▪ Mo – Sa 11 – 20.30 Uhr
Der Vintage-Laden verkauft u. a. Kleider aus den 1950er Jahren, Sonnenbrillen und schöne schulterfreie Oberteile.

**⑨** **Discos Tesla**
Karte L2 ▪ C/ Tallers 3 ▪ +34 664 095 091 ▪ Mo – Sa 9.30 – 21.30 Uhr
Der kleine, gut sortierte Platten- und CD-Laden ist auf alternative Musik spezialisiert. Wenn Sie nur ein paar Takte eines Liedes summen, findet der Inhaber bestimmt die richtige Aufnahme für Sie.

**⑩** **Boomerang**
Karte D4 ▪ C/ Peu de la Creu 16 bis ▪ +34 647 632 694 ▪ Di – Sa 12 – 14.30, 17 – 20 Uhr ▪ Aug geschl.
Der flippige Laden verkauft Möbel und Dekor der 1950er bis 1970er Jahre, darunter Lampen und Keramik aus Italien und Deutschland.

Siehe Karte S. 86

# Bars

Die 1860 eröffnete Bar Almirall

## ① Bar Almirall
Karte K2 ▪ C/ Joaquín Costa 33
▪ Zeiten variieren ▪ www.casaalmirall.com

Die 1860 eröffnete Bar ist die älteste Barcelonas und bekannt für gute Musik und starke Cocktails.

## ② El Jardí
Karte K3 ▪ C/ Hospital 56
▪ +34 936 819 234 ▪ tägl. 17–23 Uhr

Die Café-Bar *(siehe S. 60)* in einem hübsch begrünten Innenhof ist der ideale Ort für einen Drink, nehmen Sie dazu ein paar Oliven.

## ③ Bar Resolis
Karte K3 ▪ C/ Riera Baixa 22
▪ tägl. 19–0.30 Uhr (Fr, Sa bis 1)

Die einst altmodische Bar ist heute eine schicke Taverne mit kleiner Terrasse. Zu Cocktails und Wein gibt es köstliche Tapas.

## ④ Marsella
Karte K4 ▪ C/ Sant Pau 65
▪ tägl. 22–2.30 Uhr

Die Modernisme-Bar serviert bei gedämpftem Licht Cocktails und Absinth.

## ⑤ Ultramarinos
Karte E5 ▪ La Rambla 31
▪ tägl. 12–3 Uhr

Hier war früher ein Kino, jetzt hat das Lokal die großen Räume mit Retro-Mobiliar und bunten Grafiken eingerichtet. Die meisten Gäste bestellen Cocktails und eine große Tapas-Platte zum Teilen.

## ⑥ Betty Ford's
Karte K1 ▪ C/ Joaquín Costa 56
▪ +34 933 041 368 ▪ tägl. 19–2.30 Uhr

Die Cocktailbar am betriebsamen Carrer de Joaquín Costa hat eine entspannte Atmosphäre mit Musik aus den 1950er Jahren.

## ⑦ Bar Kasparo
Karte L2 ▪ Pl Vicenç Martorell
▪ Di–Sa ▪ www.kasparo.es

Tagsüber ist die Bar *(siehe S. 60)* bei Familien sehr beliebt, nach Einbruch der Dunkelheit wird sie zu einem fabelhaften Ort für ein Glas Wein.

## ⑧ Boadas Cocktail Bar
Karte L2 ▪ C/ Tallers 1 ▪ Mo–Sa 12–2 Uhr ▪ www.boadascocktails.com

Die gut besuchte kleine Cocktailbar serviert seit 1933 die wahrscheinlich besten Martinis der Stadt.

## ⑨ Bar Palosanto
Karte K4 ▪ Rambla de Raval 26
▪ Do–Mo 18–23.30 Uhr

Die freundliche Café-Bar mit ein paar Tischen im Freien ist ein gemütlicher Ort für einen Drink sowie Tapas und andere Snacks.

## ⑩ Bar Muy Buenas
Karte K3 ▪ C/ Carme 63 ▪ Zeiten variieren ▪ www.muybuenas.cat ▪ €

Die charmante Modernisme-Bar wurde restauriert. Serviert werden Spirituosen und Wein aus Katalonien, dazu gibt es kleine Käse- und Wurstplatten.

Modernisme-Dekor der Bar Muy Buenas

# Restaurants

**1 Caravelle**
Karte E4 ■ C/ Pintor Fortuny 31
■ +34 933 179 892 ■ So – Mi abends
geschl. ■ €

Das Lokal unweit des MACBA ist für
seinen Wochenend-Brunch bekannt.
Die Karte wechselt regelmäßig, be-
liebt sind die *huevos rancheros*, die
Suppen und bunten Salate. Auch
Vegetarier finden hier stets etwas.

**2 Can Lluís**
Karte J3 ■ C/ de la Cera 49
■ +34 934 411 187 ■ So geschl. ■ €€

Seit drei Generationen ist das 1929
eröffnete Restaurant in der Hand
derselben Familie. Das Essen ist
bodenständig und gut, das Tagesgericht unbedingt seinen Preis wert.

**3 La Esquina**
Karte E3 ■ C/ Bergara 2
■ www.laesquinabarcelona.com ■ €

Das Café mit Naturholzboden serviert ganztägig köstlichen Brunch
und leichte Mittagsgerichte wie
Pulled Pork Tacos und Caesar Salad.

**4 Teresa Carles**
Karte L1 ■ C/ Jovellanos 2
■ +34 933 171 829 ■ www.teresa
carles.com ■ €

Zu den einfallsreichen vegetarischen
Speisen zählen Crêpes mit Artischocken und Brie.

**5 Biocenter**
Karte L2 ■ C/ Pintor Fortuny 25
■ +34 933 014 583 ■ Zeiten variieren
■ www.restaurantebiocenter.es ■ €

In dem vegetarischen Restaurant
werden Gerichte aus Bio-Produkten
zubereitet. Dienstag ist Vegan-Tag.

**6 A Tu Bola**
Karte L3 ■ C/ de Hospital 78
■ +34 933 153 244 ■ Di geschl. ■ €

Das Lokal ist ein Favorit der Einheimischen. Bekannt ist es für seine
Fisch-, Fleisch- und Gemüsebäll-
chen, die mit Brot sowie einer Auswahl an Dips und Saucen serviert
werden.

**Preiskategorien**
Preis für ein Drei-Gänge-Menü (oder Vergleichbares) pro Person mit einer halben
Flasche Wein inkl. Steuern und Service.
.................................................
€ unter 35 €    €€ 35 – 50 €    €€€ über 50 €

**7 Bacaro**
Karte L3 ■ C/ Jerusalem 6
■ So geschl. ■ +34 672 176 068
■ www.bacarobarcelona.com ■ €€

Das Bar-Restaurant hinter dem
Mercat de la Boqueria bietet venezi-
anische Küche mit viel Seafood an.

Am Tresen der Bar Marmalade

**8 Marmalade**
Karte J2 ■ C/ Riera Alta 4 – 6
■ +34 934 423 966 ■ Mo – Do mittags
geschl. ■ €

In der Bar im Stil eines Lofts kann
man abends zu Cocktails kleine
Mahlzeiten wie Fajitas, Fish & Chips
und Pfannengerichte genießen.
Brunch am Wochenende.

**9 Els Ocellets**
Karte D4 ■ Ronda Sant Pau 55
■ +34 934 411 046 ■ So abends, Mo,
Ende Juli – Ende Aug geschl. ■ 🐝 ■ €

Traditionelle Küche mit kreativem
Einschlag in elegantem Ambiente.
Es gibt günstige Tagesgerichte.

**10 L'Havana**
Karte K2 ■ C/ Lleó 1 ■ +34 933
022 106 ■ So abends, Mo, 4 Wochen im
Juli/Aug geschl. ■ €€

Trotz des Namens werden hier katalanische Klassiker serviert.

Siehe Karte S. 86

# TOP 10 Montjuïc

Der Name »Jüdischer Berg« geht auf den jüdischen Friedhof zurück, der hier im Mittelalter lag. Der große, hügelige Park erhebt sich 213 Meter hoch über dem Hafen. Die erste Landschaftsgestaltung erfolgte 1929 für die Weltausstellung. Damals wurden der Palau Nacional und der Pavelló Mies van der Rohe erbaut. Danach blieb das Gelände lange ungenutzt und galt als Synonym für Verfall. Angesichts der düsteren Schatten, die das Kastell auf den Hügel wirft (es diente unter Franco als Folterkammer), ist es fast ein Wunder, dass der Montjuïc heute zu den größten Attraktionen Barcelonas zählt. Das Gebiet wurde für die Olympischen Spiele 1992 saniert und in eine grüne Oase verwandelt. Von hier hat man den besten Blick auf Barcelona.

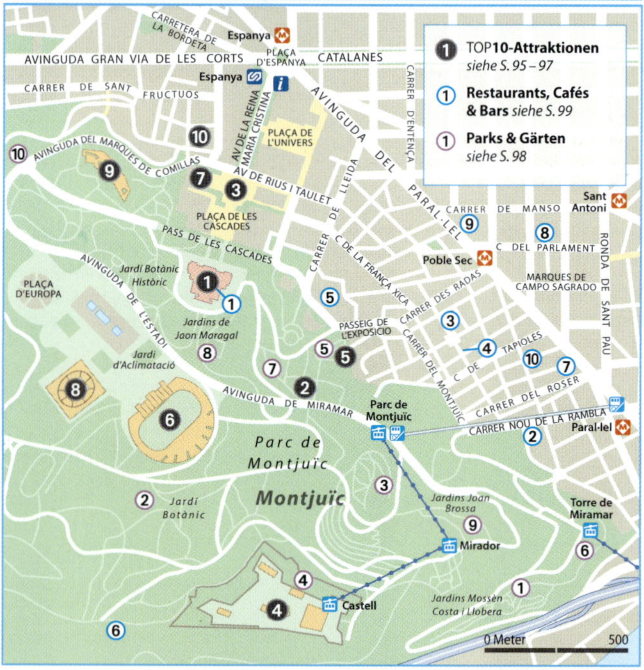

Statue, Castell de Montjuïc

TOP **10**-Attraktionen
siehe S. 95 – 97

Restaurants, Cafés & Bars siehe S. 99

Parks & Gärten siehe S. 98

### 1 Palau Nacional & Museu Nacional d'Art de Catalunya

Der Palau Nacional beherbergt das Museu Nacional d'Art de Catalunya mit der kunsthistorischen Sammlung Kataloniens. Einige Exponate zählen zu den schönsten romanischen Kunstwerken Europas, z.B. die Fresken aus dem 12. Jahrhundert, die aus katalanischen Pyrenäenkirchen gerettet und in den Museumssälen rekonstruiert wurden (siehe S. 20f).

Wasserspiele des Font Màgica

### 2 Fundació Joan Miró

Viele der rund 10 000 Werke des Museums wurden von Joan Miró (1893–1983), einem der bedeutendsten Maler Kataloniens, selbst gestiftet. Das Gebäude, das die weltweit größte Miró-Sammlung birgt, entwarf der mit Miró befreundete Architekt Josep Lluís Sert (siehe S. 28f).

### 3 Font Màgica

**Karte B4 ■ Pl Carles Buigas 1 (nahe der Av Reina Maria Cristina) ■ Shows: Apr, Mai, Okt: Do – Sa 21–22 Uhr; Juni – Sep: Mi – So 21.30 – 22.30 Uhr; Nov – März: Do – Sa 20 – 21 Uhr (jeweils alle 30 Minuten); 7. Jan – 28. Feb keine Shows ■ &**

Unterhalb der Kaskaden, die vom Palau Nacional hinabfließen, befindet sich der von Carles Buigas für die Weltausstellung 1929 entworfene »Magische Brunnen«. Bei Einbruch der Dunkelheit tanzen Wasserfontänen in einer faszinierenden Licht- und Tonshow. Wenn

sich die Fontänen zu einem einzigen Strahl vereinen, steigt dieser bis zu 15 Meter empor. Das Finale wird oft von dem Lied Barcelona von Montserrat Caballé und Freddie Mercury begleitet.

### 4 Castell de Montjuïc

**Karte B6 ■ C/ Castell ■ tägl. 10 –18 Uhr (Apr – Okt: 10 – 20 Uhr) ■ Eintritt ■ http://ajuntament. barcelona.cat/castelldemontjuic**

Die Anlage aus dem 18. Jahrhundert erhebt sich auf dem Gipfel, der einen grandiosen Blick über Stadt, Hafen und Küste bietet. Im Kastell wurden einst politische Gegner von General Franco gefoltert, im nahen Fossar de la Pedrera gegen Ende des Spanischen Bürgerkriegs 4000 Katalanen erschossen. 47 Jahre lang war im Kastell ein Militärmuseum, das 2009 geschlossen wurde. Seit 2014 kann man im Kastell wieder Ausstellungen sehen. Im Innenhof werden Konzerte veranstaltet, am Wochenende oft mit Familienprogramm. Vom Dach bietet sich ein 360-Grad-Panoramablick.

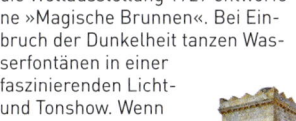

Castell de Montjuïc

**Das Teatre Grec hat viel Atmosphäre**

### 5 Teatre Grec

**Karte C4 ■ Pg Santa Madrona
■ tägl. 10 Uhr bis Sonnenuntergang
■ frei (außer bei Aufführungen)
■ www.barcelona.cat/grec**

Die Gestaltung des Halbrund-Theaters *(siehe S. 54)* wurde durch die klassizistischen Ideen des sogenannten Noucentisme inspiriert. Die Architekturströmung des ausgehenden 19. Jahrhunderts war eine Reaktion auf die ornamentale Überladenheit des Modernisme. Das von Bäumen und Gärten umgebene Freilufttheater bietet ein bezauberndes Ambiente für klassische und Jazzkonzerte. Im Sommer finden in dem Theater Aufführungen des Grec Festival de Barcelona *(siehe S. 73)* statt.

### 6 Estadi Olímpic

**Karte B5 ■ Av de l'Estadi 60
■ Museum: Di – Sa 10 – 18 Uhr, So 10 – 14.30 Uhr; Stadion: von weiter oben gut einsehbar ■ Eintritt (Museum)
■ www.estadiolimpic.barcelona ■ &**

Das Stadion wurde 1936 für die Arbeiterolympiade gebaut, die aber wegen des Bürgerkriegs *(siehe S. 38)* ausfiel. Bei der Umgestaltung für die Olympischen Spiele 1992 *(siehe*

*S. 39)* blieb die klassizistische Fassade erhalten. Die interaktiven Ausstellungen des nahe gelegenen Museu Olímpic i de l'Esport widmen sich allen Aspekten des Sports.

### 7 Pavelló Mies van der Rohe

**Karte B4 ■ Av Francesc Ferrer i Guàrdia 7 ■ tägl. 10 – 20 Uhr ■ Eintritt (unter 16 Jahren frei) ■ www.miesbcn.com**

Zwischen den monumentalen Bauwerken auf dem Montjuïc erscheint der schachtelförmige Pavillon aus Stein, Marmor, Onyx und Glas äußerst ungewöhnlich. Der faszinierende Bau, der als Beitrag Deutschlands zur Weltausstellung 1929 entstand, war dem damaligen Zeitgeist weit voraus. Der von Ludwig Mies van der Rohe (1886 – 1969) erbaute Pavillon wurde bald zerstört und erst 1986 wiederaufgebaut. Innen spiegelt sich die Skulptur *Morgen* von Georg Kolbe (1877 – 1947) in einer Wasserfläche.

### 8 Palau Sant Jordi

**Karte A4 ■ Pg Olímpic 5–7
■ Sa, So 10 – 18 Uhr ■ & ■ www.
palausantjordi.cat**

Das vom japanischen Architekten Arata Isozaki entworfene Hallenstadion aus Glas und Stahl ist der beeindruckendste der olympischen Bauten. Bei Veranstaltungen finden bis zu 17 000 Besucher Platz. Die Esplanade, ein surrealistischer Wald aus Beton- und Metallsäulen, wurde von Aiko Isozaki, der Frau des Architekten, gestaltet. Ein Stück hügelabwärts liegen die ebenfalls für die Olympischen Spiele errichteten Piscines Picornell, die als öffentliches Freibad genutzt werden.

**Palau Sant Jordi**

## ⑨ Poble Espanyol

**Karte B3 – 4** ▪ **Av Francesc Ferrer i Guàrdia** ▪ Mo 9 – 20, Di – Do, Fr 9 – 3, Sa 9 – 4, So 9 – 24 Uhr ▪ Eintritt ▪ www.poble-espanyol.com

Das *poble* (Dorf) entstand zur Weltausstellung 1929. Mit ihm wollte man regionale spanische Bau- und Handwerkskunst dokumentieren. 116 Häuser veranschaulichen Baustile aus ganz Spanien – vom Baskenland bis Andalusien – Das alles wirkt etwas kitschig, ist aber ein interessantes Zentrum des Kunsthandwerks. Zudem gibt es einige Restaurants, Cafés und Clubs.

Nachgebaute Gassen im Poble Espanyol

## ⑩ CaixaForum

**Karte B3** ▪ **Av Francesc Ferrer i Guàrdia 6 – 8** ▪ tägl. 10 – 20 Uhr ▪ Eintritt ▪ 🚇🗺 ▪ www.caixaforum.es

Die moderne Kunstsammlung der Fundació Bancària »la Caixa« ist in einer einstigen Textilfabrik untergebracht, die der Modernisme-Architekt Puig i Cadafalch 1911 entwarf. Ungefähr 800 Werke spanischer und internationaler Künstler werden hier in einer regelmäßig rotierenden Dauerausstellung gezeigt. Gelegentlich sind auch Wechselausstellungen zu sehen.

## Spaziergang

### ▶ Vormittags

Fahren Sie vor der Ankunft der Besuchermassen von der **Metro-Station Paral·lel** aus mit der Zahnradbahn zur **Fundació Joan Miró** *(siehe S. 28f)*. Sie erreichen das Museum nach einem kurzen Spaziergang. Die Besichtigung der eindrucksvollen Sammlung nimmt etwa eineinhalb Stunden in Anspruch. Nach dem ausgiebigen Kunstgenuss können Sie sich mit einem *cafè amb llet (siehe S. 65)* auf der Restaurantterrasse stärken. Dann gehen Sie die Avinguda de Miramar zurück, um mit der Seilbahn zum **Castell de Montjuïc** *(siehe S. 95)* hinaufzufahren, das eine fantastische Aussicht über die Stadt und das Hafengelände bietet. Nach der Rückfahrt mit der Seilbahn zur Avda de Miramar essen Sie im Café der Fondació Joan Miró zu Mittag. Dann folgen Sie den Wegweisern zum **Palau Nacional** *(siehe S. 95)*.

### Nachmittags

Besuchen Sie das **MNAC** *(siehe S. 20f)* mit seiner wundervollen Sammlung romanischer Kunst. Nach dem Kulturgenuss wenden Sie sich nach rechts und folgen nun den Wegweisern zur Olympia-Anlage. Das **Estadi Olímpic** ist durchaus einen Blick wert, beeindruckender ist der **Palau Sant Jordi** mit der Silberkuppel. Am Spätnachmittag bieten die nahe gelegenen **Piscines Bernat Picornell** Erfrischung. Von dort sind es nur wenige Schritte zum **Poble Espanyol**, wo Sie in einer Bar an der Plaça Major einen Drink nehmen können.

Siehe Karte S. 94

# Parks & Gärten

### ① Jardins Mossèn Costa i Llobera
Karte C5

1970 wurden die Kakteengärten am Fuß des Montjuïc unter Anleitung von Joan Pañella i Bonastre angelegt. Sie sind dem Poeten Miquel Costa i Llobera gewidmet und gehören zu den bedeutendsten Europas. Bei Sonnenuntergang zeigen sich eindrucksvolle surreale Formen.

### ② Jardí Botànic
Karte B5 ■ Apr–Sep: tägl. 10–20 Uhr; Okt–März: tägl. 10–17 Uhr ■ Eintritt (1. So im Monat & jeder So ab 15 Uhr frei) ■ museuciencies.cat

Die Anlagen zwischen den Olympia-Bauten wuchern mit der typischen Vegetation des Mittelmeerraums. Von vielen Stellen bietet sich eine herrliche Aussicht. Besonders interessant ist auch der nahe Jardí Botànic Històric.

### ③ Jardins Mossèn Cinto Verdaguer
Karte C5

Die kultivierten Gärten sind im Frühling am eindrucksvollsten, wenn die Pflanzen in voller Blüte stehen und sich Farben und Düfte entfalten.

### ④ Jardins del Castell
Karte B5

In den Schlossgärten stehen Kanonen zwischen Rosenhecken, entlang den Mauern des mit Blumen bepflanzten Burggrabens verlaufen Spazierwege.

### ⑤ Jardins del Teatre Grec
Karte C4

Die freundliche Oase rund um das griechische Amphitheater heißt offiziell La Rosadela. Sie erinnert an die Hängenden Gärten von Babylon.

### ⑥ Jardins de Miramar
Karte D5

In den Gärten gegenüber dem Miramar führen Treppen zu zauberhaften Hainen und Aussichtspunkten.

### ⑦ Jardins Laribal
Karte B4

Der Park erstreckt sich über mehrere Ebenen. Er birgt ein Modernisme-Haus von Puig i Cadafalch und den Font del Gat. Der Trinkwasserbrunnen war Inspiration für viele Lieder.

### ⑧ Jardins de Joan Maragall
Karte B4 ■ Sa, So 10–15 Uhr

Hauptattraktion ist die Skulpturenallee mit Werken von Frederic Marès und Ernest Maragall. Im Garten stehen die letzten Ginjoler-Bäume der Stadt.

Statue, Jardins de Joan Brossa

### ⑨ Jardins de Joan Brossa
Karte C5

Allein die Pflanzenvielfalt macht die Gärten von Joan Brossa faszinierend. Die Anlage, ein Mix aus Stadtgarten und Waldpark, kommt im Frühling voll zur Geltung, ist aber dank der Musikinstrumente, der Klettergerüste und der Zip-Line das ganze Jahr über beliebt.

### ⑩ El Mirador del Llobregat
Karte A3

Nur von diesem Aussichtspunkt mit den nahen kleinen Gärten kann man in Barcelona die Ebenen von Llobregat überblicken.

# Restaurants, Cafés & Bars

**Preiskategorien**

Preis für ein Drei-Gänge-Menü (oder Vergleichbares) pro Person mit einer halben Flasche Wein inkl. Steuern und Service.

€ unter 35 €    €€ 35 – 50 €    €€€ über 50 €

**① Pizza del Sortidor**
Karte C4 ▪ C/ Blasco de Garay 46 ▪ +34 931 730 490 ▪ So abends, Mo, Di – Fr mittags ▪ Keine Kreditkarten ▪ €

Das bei Einheimischen beliebte Lokal bietet Pizza aus dem Holzofen, Bier und großartigen Wein vom Fass.

**② Seco**
Karte C5 ▪ Pg Montjuïc 74 ▪ +34 933 296 374 ▪ Mo, abends geschl. ▪ €

Das schlichte Café mit Terrasse serviert Kuchen und Imbisse, mittags auch komplette Mahlzeiten.

**③ El Sortidor**
Karte C4 ▪ Pl del Sortidor 5 ▪ +34 636 342 611 ▪ Mo geschl. ▪ €

Die Türen mit Buntglasfenstern von 1908, der Boden und viele Details schaffen anheimelndes Ambiente.

**④ La Tomaquera**
Karte C4 ▪ C/ Margarit 58 ▪ +34 675 902 389 ▪ So abends, Mo, Osterwoche & Aug geschl. ▪ €

Das Lokal serviert bodenständige katalanische Gerichte. Stellen Sie sich auf Wartezeiten ein.

**⑤ El Lliure**
Karte B4 ▪ Pg Santa Madrona 40 – 46 ▪ So, Mo – Fr abends geschl. (außer Tage mit Vorstellung) ▪ ♿ ▪ €

Das preiswerte Café im Teatre Lliure besitzt ein angrenzendes Restaurant und eine Terrasse. Perfekt, um vor der Vorstellung etwas zu trinken oder einen Happen zu essen.

**⑥ La Caseta del Migdia**
Karte B6 ▪ Mirador del Migdia ▪ Apr – Sep: Mo & Di, Okt – März: Mo – Fr geschl. ▪ €

In der Bar auf dem Montjuïc genießt man kalte Getränke, eine willkom-

Terrasse des La Caseta del Migdia

mene Brise und eine atemberaubende Aussicht *(siehe S. 60)*.

**⑦ La Federica**
Karte D4 ▪ C/ de Salvà 3 ▪ +34 936 005 901 ▪ Mo, So geschl. ▪ €

Die Retro-Bar hat 24 Stunden am Tag geöffnet. Sie versorgt ihre Gäste mit Frühstück, Brunch, guten Tapas und abends mit Cocktails.

**⑧ Bar Calders**
Karte C4 ▪ C/ Parlament 25 ▪ +34 933 299 349 ▪ Mo – Fr mittags geschl. ▪ €

Die beliebte Outdoor-Bar *(siehe S. 61)* eignet sich wunderbar für einen gepflegten Drink.

**⑨ Tickets Bar**
Karte C4 ▪ Av Paral·lel 164 ▪ +34 932 924 252 ▪ Di – Fr mittags, So, Mo, Ostern, 3 Wochen im Aug, Weihnachten, Neujahr geschl. ▪ €€

Das mit einem Michelin-Stern ausgezeichnete Restaurant *(siehe S. 63)* lockt mit überwältigenden Tapas. Unbedingt vorher reservieren!

**⑩ Quimet & Quimet**
Karte C4 ▪ C/ Poeta Cabanyes 25 ▪ +34 934 423 142 ▪ Sa abends, So, 3 Wochen im Aug geschl. ▪ €

In der kleinen Bodega muss man zwar stehen, dafür gibt es erstklassige Tapas und sehr gute Weine.

Siehe Karte S. 94 ←

# TOP10 Port Vell, Barceloneta & Port Olímpic

Vom Zentrum Barcelonas ist es nur eine kurze Fahrt mit der Metro oder ein Spaziergang, bis man sich am Strand sonnen und schwimmen kann. Barcelonas Mittelmeerküste versteckte sich einst hinter industriellem Ödland, anlässlich der Olympischen Spiele 1992 wurde

Statue im Parc de la Ciutadella

das grundlegend geändert: Für ein *Barcelona oberta al mar* (»offen zum Meer«) transportierte man tonnenweise Sand herbei und legte die ausgedehnten Strände vor Barceloneta und Port Olímpic an. Das einst recht bescheidene Nachbarviertel Poblenou verwandelte sich in ein Zentrum für Hightechfirmen und Designstudios. Der Parc de la Ciutadella – ein beliebter Treffpunkt – ist eine grüne Idylle.

## 1 Museu d'Història de Catalunya

**Karte N6** ■ Pl de Pau Vila 3 ■ Di – Sa 10 – 19 (Mi bis 20), So 10 – 14.30 Uhr ■ Eintritt (1. So im Monat frei) ■ 🚻 ■ www.mhcat.cat

Das Museum hat seinen Sitz im Palau de Mar, einem ehemaligen Lagerhaus. Es erläutert anhand von interaktiven Ausstellungen die Geschichte Kataloniens. Vor allem Kinder finden die Exponate spannend *(siehe S. 53)*, z. B. einen Bunker aus dem Bürgerkrieg oder eine katalanische Bar aus den 1960er Jahren mit einem alten *futbolín* (Tischfußball).

## 2 Rambla de Mar

**Karte E5** ■ Moll d'Espanya ■ Maremagnum: tägl. 10 – 21 Uhr ■ 🚻

Der schwimmende Holzpier lädt zu einem Spaziergang knapp über dem Wasser ein. Er führt zum Shoppingcenter Maremagnum, in dem sich viele Läden und Restaurants ange-

*Der schwimmende Pier Rambla de Mar*

siedelt haben. Es ist an jedem Tag des Jahres geöffnet, weshalb viele Einheimische zum sonntäglichen Shopping hierherkommen.

## 3 Strände

**Karte FG6**

Eine kleine Erholung von der Stadt gefällig? Vom Ende von La Rambla aus führt ein Spaziergang entlang der palmengesäumten Moll de la Fusta bis zum Passeig Joan de Borbó, an dem viele Restaurants liegen, und ans Mittelmeer. Mehr als sieben Kilometer Strand erstrecken sich von Barceloneta bis hinter Port Olímpic. Annehmlichkeiten wie Duschen, Liegestühle und Beachvolleyballplätze locken viele Menschen an. Die Strandpromenade ist ideal für einen Spaziergang. Halten Sie Ausschau nach Rebecca Horns Skulptur *L'estel ferit (Der verwundete Stern)*.

## 4 Parc de la Ciutadella

**Karte Q4 – R6** ■ Pg Pujades ■ tägl. 10 – 22.30 Uhr (Zeiten des Parc Zoòlogic variieren) ■ Eintritt für Parc Zoòlogic

Die größte Grünfläche der Stadt ist perfekt für ein Picknick und besonders beliebt an Sonntagnachmittagen. Dann kommen viele Einheimische und Besucher hierher, um sich zu entspannen, auf dem See eine Runde mit dem Boot zu fahren oder das Museum und den Zoo zu besuchen. In der nordöstlichen Ecke des Parks befindet sich ein prächtiger Springbrunnen mit Wasserfall, der von der Skulptur eines Streitwagens gekrönt wird *(siehe S. 48)*.

TOP**10**-Attraktionen
*siehe S. 101–103*

**Restaurants & Cafés**
*siehe S. 105*

**Bars & Tapas-Bars**
*siehe S. 104*

**Alte Häuser in Barceloneta**

### ⑤ Barceloneta
**Karte F6**

Das traditionelle Wohnviertel der *pescadors* (Fischer) und *mariners* (Seeleute), ein hafennahes Labyrinth von Gassen und kleinen Plätzen, entführt in eine zu den Shoppingmalls und Discos des nahen Port Olímpic völlig konträre Welt. Ein Streifzug durch das Viertel vermittelt Einblick in das Leben in Barcelona vor 150 Jahren. Betagte Bewohner stellen Stühle auf die Straße, um zu plaudern und dem Treiben zuzusehen. Mit dem *menú del dia* bieten kleine Fischlokale Gerichte aus dem von Booten herangebrachten frischen Fang. Die Restaurants entlang dem Passeig Joan de Borbó am westlichen Rand von Barceloneta servieren *mariscs* (Meeresfrüchte).

### ⑥ Pailebot *Santa Eulàlia*
**Karte L6 ▪ Moll de la Fusta ▪ Zeiten variieren ▪ Eintritt ▪ www.mmb.cat**

Der restaurierte Dreimastschoner liegt am Pier der Moll de la Fusta vertäut. Das Schiff stach als *Carmen Flores* erstmals 1918 von Spanien aus in See. Auf den Fahrten nach Kuba führte es Textilien und Salz mit, auf der Rückreise Tabak, Kaffee, Getreide und Holz. 1997 erwarb das Museu Marítim *(siehe S. 87)* das Schiff im Rahmen eines Projekts, bei dem einige bedeutende katalanische Schiffe zusammengetragen werden.

### ⑦ Boots- & Seilbahntouren
**Karte E5/6 ▪ Telefèric: von Torre San Sebastià ▪ Las Golondrinas: Portal de la Pau ▪ ab 11.15 Uhr etwa alle 30 Min. ▪ www.lasgolondrinas.com ▪ Orsom: Portal de la Pau ▪ Abfahrtszeiten unter +34 934 410 537 ▪ ♿ ▪ www.barcelona-orsom.com**

Barcelona kann man wunderbar aus der Luft oder vom Meer aus betrachten. Die *Transbordador-Aeri*-Seilbahn ermöglicht einen Blick auf Barcelona und die Küste aus der Vogelperspektive. Mit den Booten von Las Golondrinas oder dem Orsom Catamaran kann man den Hafen erkunden.

### ⑧ Monument a Colom
**Karte E5**

Die 60 Meter hohe Säule entstand zwischen 1882 und 1888 anlässlich der Weltausstellung. Das Monument erinnert an Christoph Kolumbus' erste Entdeckungsreise (1492/93), als er nach der Rückkehr vom neuen Kontinent von Ferdinand von Aragón und Isabella von Kastilien in Barcelona empfangen wurde. Kolumbus steht voll Stolz auf der Säule, sein ausgestreckter Arm soll nach Amerika weisen, zeigt jedoch in Wirklichkeit nach Italien. Besucher gelangen in einem Lift zur Aussichtsplattform mit 360-Grad-Panorama *(siehe S. 16)*.

### 9 Poblenou & Palo Alto

Karte H5 ■ www.
poblenouurbandistrict.com
■ www.paloalto.barcelona

Immer schicker wird der Südteil von Poblenou. Hier eröffnet ein Start-up-Unternehmen, ein angesagtes Café und ein trendiger Shop nach dem anderen, alte Lagerhallen und Industriegebäude werden renoviert und neu genutzt. In einer alten Halle residiert jetzt BD Barcelona Design mit einem riesigen Showroom. Auf dem pittoresken Areal von Palo Alto sind viele Designer-Studios ansässig. Am ersten Wochenende im Monat findet hier ein großer Markt mit Street Food statt.

### 10 Museu de Ciències Naturals

Pl Leonardo da Vinci 4–5, Parc del Fòrum ■ +34 932 566 002 ■ Di–Sa 10–20 Uhr ■ Eintritt (1. So im Monat & jeder So ab 15 Uhr frei) ■ www.museuciencies.cat

Das Museu de Ciències Naturals hat seinen Sitz in einem Pyramidenbau, den Herzog & de Meuron für das Barcelona Forum 2004 entwarfen. Das ganze Museum bietet einen guten Mix aus audiovisuellen, interaktiven Exponaten und herrlich altmodischen Abteilungen mit vielen ausgestopften Tieren. Die Hauptausstellung widmet sich der Erde und erklärt anschaulich ihre Entstehungsgeschichte. Alles ist ausgesprochen familienfreundlich, es gibt eine spezielle Abteilung für Kinder unter sieben Jahren, dazu eine Bibliothek und ein Café. Das Museumsticket gilt auch für den Jardí Botànic *(siehe S. 98)*.

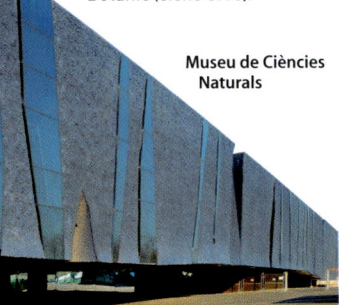

**Museu de Ciències Naturals**

---

### Spaziergang

#### ▶ Vormittags

Beginnen Sie Ihren *passeig* (Bummel) durch die Hafengegend im **Museu Marítim** *(siehe S. 87)*, in dem sich Barcelona als einer der wichtigsten Mittelmeerhäfen präsentiert. Gehen Sie anschließend zum Monument a Colom und die Moll de la Fusta entlang, um das vom Museum restaurierte **Pailebot** *Santa Eulàlia* zu bewundern. Weiter geht es auf der gewölbten hölzernen Zugbrücke **Rambla de Mar** *(siehe S. 101)*, die zum Shoppingcenter **Maremagnum** *(siehe S. 66f)* führt. Wenn Sie am Anfang des Piers an Bord des **Orsom Catamaran** gehen, können Sie knapp einen Meter über dem Meer bei einem Imbiss und Getränken die Sonnenstrahlen und den Hafenblick genießen. Zurück an Land schlendern Sie über den Moll d'Espanya und wenden sich dem Fischerviertel Barceloneta zu, einem sehr stimmungsvollen Stadtteil mit malerischen Gassen und historischen Kneipen. Erleben Sie das alte Barcelona in der lebhaften Tapas-Bar **El Vaso de Oro** (C/Balboa 6). Suchen Sie sich einen Platz an der Theke und probieren Sie die köstlichen Meeresfrüchte.

#### Nachmittags

Gestärkt gehen Sie zum Passeig Joan de Borbó und dann zum Strand **Platja Barceloneta**. Baden Sie im Meer und entspannen Sie in der Nachmittagssonne. Bestellen Sie im **Restaurant Salamanca** (am Ende des Pg Joan de Borbó) einen Drink. Mit den Füßen im Sand können Sie vom Lokal aus den Wellen zusehen, während die Sonne langsam untergeht.

Siehe Karte S. 100f ←

# Bars & Tapas-Bars

Chillen am Pool im Club Arola

Die spektakuläre Bar im 26. Stock des W Hotel bietet eine tolle Aussicht. Ziehen Sie sich schick an.

**6 Bus Terraza**
Parc del Fòrum, Av Litoral 488 ▪ Zeiten variieren ▪ www.busterraza.com

In dem umgebauten Doppeldeckerbus gibt es regelmäßig DJ-Sessions und Livemusik *(siehe S. 61).*

**1 Arola**
Karte G5 ▪ Hotel Arts, C/ Marina 19 – 21 ▪ www.hotelartsbarcelona.com

Die elegante Poolbar des Hotel Arts hat nur im Sommer geöffnet. Weiße Liegen mit Seidenkissen, feinste Cocktails und DJs prägen das Flair.

**2 Xiringuito Escribà**
Karte H5 ▪ Av Litoral 62, Platja de Bogatell ▪ www.restaurantsescriba.com

Das Bar-Restaurant direkt am Strand bietet seinen Gästen Tapas sowie wunderbare Paella und Salate. Die Cocktails mixt ein Profi-Barkeeper mit frisch gepressten Säften.

**3 Bar Jai-Ca**
Karte F5 ▪ C/ Ginebra 13 ▪ Mo geschl. ▪ www.barjaica.com

Der Fernseher ist laut, und Kinder toben herum, die Tapas sind jedoch erstklassig.

**4 Beachbars am Mar Bella**
Platja Nova Mar Bella ▪ nur im Sommer geöffnet

*Xiringuitos* nennen sich die Strandbars mit DJs an Barcelonas hippestem Strandabschnitt.

**5 Eclipse**
Karte F6 ▪ W Hotel, Pl de la Rosa dels Vents 1 ▪ www.eclipse-barcelona.com

**7 Segons Mercat**
Karte F5 ▪ C/ Balboa 16 ▪ +34 933 107 880 ▪ Sa geschl.

Genießen Sie an diesem stilvollen Ort köstliche Tapas – von gegrilltem Tintenfisch bis hin zu *patatas bravas.* Auf der Speisekarte findet man auch reichhaltigere Reisgerichte und bestes Seafood.

**8 La Bombeta**
Karte F6 ▪ C/ Maquinista 33 ▪ +34 933 199 445 ▪ Mi geschl.

Die traditionelle Bar vermittelt einen Eindruck vom ursprünglichen Barcelona. Spezialität sind *bombas*, frittierte Kartoffelbreibällchen in würziger Tomatensauce.

**9 Can Ganassa**
Karte F6 ▪ Pl de la Barceloneta 4 – 6 ▪ +34 932 528 449 ▪ Mo geschl.

Der klassische Familienbetrieb serviert Einheimischen schon seit Jahrzehnten frische Seafood-Tapas.

**10 El Vaso de Oro**
Karte F5 ▪ C/ Balboa 6 ▪ +34 933 193 098

Seit mehr als einem halben Jahrhundert ist diese traditionelle Bar für wunderbare Tapas bekannt. Sichern Sie sich möglichst früh einen Hocker an der langen, schmalen Theke, denn hier wird es schnell recht voll.

# Restaurants & Cafés

**Preiskategorien**

Preis für ein Drei-Gänge-Menü (oder Vergleichbares) pro Person mit einer halben Flasche Wein inkl. Steuern und Service.

€ unter 35 €    €€ 35 – 50 €    €€€ über 50 €

**① Set Portes**
Karte N5 ▪ Pg Isabel II 14 ▪ +34 933 193 033 ▪ 🚻 ▪ €€

Seit 1836 besteht das Restaurant, das exzellente katalanische Küche serviert. Sehr gut ist die Paella, auch wenn sie ursprünglich ein traditionell valencianisches Gericht ist.

**② El Filferro**
Karte F6 ▪ C/ Sant Carles 29 ▪ +34 600 836 674 ▪ Di – So 10 – 1 Uhr ▪ €

Das charmante Café *(siehe S. 64)* mit Tischen im Freien ist perfekt für Kaffee und Kuchen, ein leichtes Mittagessen aus mediterranen Spezialitäten oder ein Gläschen am Abend.

**③ Green Spot**
Karte P5 ▪ C/ Reina Cristina 12 ▪ +34 938 025 565 ▪ €€

Das geräumige Restaurant mit elegant-minimalistischem Design kocht konsequent vegetarisch und vegan und hat damit viele Stammgäste für sich gewinnen können.

**④ Somorrostro**
Karte F6 ▪ C/ Sant Carles 11 ▪ +34 932 250 010 ▪ tägl. 13 – 24 Uhr ▪ €

Täglich wechselnde Menüs werden in elegant relaxtem Ambiente serviert. Die Köche achten sehr auf die Frische der Produkte, es wird viel Bio-Ware verarbeitet.

**⑤ Brunch & Cake By The Sea**
Karte F5 ▪ Pg Joan de Borbó 5 ▪ +34 931 383 572 ▪ tägl. 10 – 19 Uhr ▪ €

Das Café mit rustikaler Einrichtung bietet Brunch mit Klassikern wie Eggs Benedict. Zum Angebot gehören auch vegane und glutenfreie Optionen sowie fantastische Kuchen.

**⑥ Salamanca**
Karte F6 ▪ C/ Almirall Cervera 34 ▪ +34 932 215 033 ▪ €€

Mit seinen Fotowänden wirkt das Lokal vielleicht wie eine Touristenfalle, die Küche ist aber exzellent.

**⑦ La Roseta**
Karte F6 ▪ C/ Meer 37 ▪ +34 673 81 69 76 ▪ tägl. 8.30 – 19 Uhr ▪ €

Das gemütliche kleine Café verwöhnt seine Gäste mit köstlichen hausgemachten Kuchen (unbedingt probieren: Käsekuchen) sowie erlesenem Kaffee und Sandwiches.

**⑧ El Gallito**
Passeig del Mare Nostrum 19 ▪ +34 933 123 585 ▪ €€

Für Liebhaber mediterraner Küche ist El Gallito ein Traum. Sehr beliebt sind vor allem die Reis- und Seafoodgerichte.

**⑨ Oaxaca**
Karte F5 ▪ Pl de Palau 20 ▪ +34 93 018 06 59 ▪ tägl. 13 – 24 Uhr ▪ €€

Dies ist eines der besten mexikanischen Restaurants der Stadt. Es bietet authentische und kreative Gerichte wie *sopa azteca con tortillas* oder *quesadillas*.

**⑩ La Mar Salada**
Karte E6 ▪ Pg de Joan de Borbó 58 ▪ +34 932 212 127 ▪ Di geschl. ▪ €€

Nahe am Meer dominieren im La Mar Salada Fisch und Meeresfrüchte die moderne Küche. An Werktagen lohnt sich das mittägliche Festpreismenü.

*Tàrtar de sorell* im La Mar Salada

Siehe Karte S. 100f

# TOP10 Eixample

Bezeichnet man die Altstadt als Herz und die grünen Hügel von Tibidabo und Montjuïc als Lunge, dann ist Eixample das Nervenzentrum Barcelonas – der Kern aller Geschäfte. Die Gegend nahm 1860 Gestalt an, als die Stadt jenseits der mittelalterlichen Mauern erweitert wurde. Das Grundmuster nach Plänen des katalanischen Ingenieurs Ildefons Cerdà umfasst Hunderte gitterartig angelegte Plätze. Die Bauarbeiten dauerten bis ins 20. Jahrhundert an, als die Oberschicht Barcelonas die kühnsten Architekten der Stadt förderte. Der Modernisme stand in voller Blüte, und das Viertel wurde mit eleganten Fassaden zu seinem Zentrum. Designerläden, reizvolle Cafés, Gourmetlokale sowie elegante Bars und Clubs locken Besucher und wohlhabende *Barcelonins* an.

Kamine, Casa Milà

**1** TOP10-Attraktionen *siehe S. 107–109*

**1** Restaurants & Tapas-Bars *siehe S. 113*

**1** Designläden *siehe S. 110*

**1** Bars *siehe S. 111*

**1** Cafés *siehe S. 112*

**1 Sagrada Família**
Antoni Gaudís Kunst gipfelte in der imposanten Kirche, die die Silhouette der Stadt beherrscht (siehe S. 12 – 15).

**2 Casa Milà (La Pedrera)**
Das kühne, fast surreale Fantasiegebilde ist Gaudís bedeutendster Profanbau (siehe S. 26f).

**3 Sant Pau Recinte Modernista**
Karte H1 ■ C/ Sant Antoni Maria Claret 167 ■ +34 935 537 801 ■ Di – Sa 10 – 17, So 10 – 14.30 Uhr ■ Führungen auf Englisch tägl. 11 Uhr ■ Eintritt ■ www.santpaubarcelona.org

Das 1401 gegründete Hospital de la Santa Creu i de Sant Pau war bis 2009 als Krankenhaus in Betrieb. Domènech i Montaner und dessen Sohn errichteten den Komplex, der zum UNESCO-Welterbe gehört und Teil der Ruta del Modernisme (siehe

Sant Pau Recinte Modernista

S. 44f und S. 137) ist, zwischen 1902 und 1930. Der Bau ist eine Verneigung vor dem Modernisme. Der Komplex umfasst u. a. acht Pavillons, in denen Wandgemälde, Mosaiken und Skulpturen Kataloniens Geschichte erzählen, sowie einige Gebäude, die über unterirdische Gänge miteinander verbunden sind. Auch die Gärten und Höfe stehen Besuchern offen.

**4 Mansana de la Discòrdia**
Karte E2 ■ Pg de Gràcia 35 – 45

Der beeindruckende Häuserblock steht im Quadrat d'Or (»Goldenes Quadrat«) der Stadt. Der Name Mansana de la Discòrdia (»Häuser der Zwietracht«) bezeichnet den starken Kontrast zwischen den drei Hauptgebäuden. Diese wurden von 1900 bis 1907 im Auftrag von drei wetteifernden Bürgerfamilien von den drei Architekten des Modernisme erbaut – von Gaudí, Domènech i Montaner und Puig i Cadafalch. Domènech i Montaner errichtete die Casa Lleó Morera, Puig i Cadafalch die von der Gotik inspirierte Casa Amatller (siehe S. 45) und Gaudí die Casa Batlló (siehe S. 44f). Alle drei Gebäude weisen eine prächtige Innengestaltung auf, Casa Amatller und Casa Batlló können besichtigt werden. Die Häuser Nr. 37 und 39 tragen zum Gesamteindruck bei. Nr. 39 beherbergt das Museu del Perfum (siehe S. 43).

*Flohmarkt* Els Encants

### ⑥ Els Encants

Karte H3 ▪ Av Meridiana 69 ▪ +34 932 452 299 ▪ Mo, Mi, Fr, Sa 9 – 20 Uhr ▪ encantsbarcelona.com

Fast 100 Jahre lang war der Flohmarkt Els Encants ein chaotischer Wirrwarr von Straßenständen. Seit 2014 hat er ein neues Zuhause mit einer Überdachung. Darunter findet man jedoch immer noch allen möglichen alten Krimskrams neben Textilien, Haushaltswaren und Secondhandmode *(siehe S. 68)*.

### ⑦ Casa Terrades (Casa de les Punxes)

Karte F2 ▪ Av Diagonal 416 ▪ tägl. 10 – 20 Uhr (letzter Einlass 18 Uhr) ▪ Eintritt ▪ www.casadelespunxes.com

Der sechsseitige Wohnblock von Puig i Cadafalch verdankt seinen Spitznamen »Casa de les Punxes« (»Haus der Spitzen«) den Spitzen der sechs Ecktürme, die wie Hexenhüte aussehen. Cadafalchs letztes Wohnhaus entstand 1903 – 05. Drei vorhandene Häuser wurden dafür umgebaut und miteinander verbunden, was einen exzentrischen Stilmix aus Mittelalter und Renaissance ergab. Türme und Giebel sind von der Gotik beeinflusst. An der Fassade sieht man Blumenornamente.

*Wolke & Stuhl,* Fundació Tàpies

### ⑤ Fundació Tàpies

Karte E2 ▪ C/ Aragó 255 ▪ +34 932 075 862 ▪ Di – Do, Sa 10 – 19, So 10 – 15 Uhr ▪ Eintritt ▪ ♿ ▪ www.fundaciotapies.org

In dem prächtigen Gebäude, um 1880 nach Entwürfen von Lluís Domènech i Montaner im frühen Modernisme-Stil errichtet, werden seit 1990 Gemälde und Skulpturen des großen katalanischen Künstlers Antoni Tàpies (1923 – 2012) gezeigt. Den Bau krönt die Drahtplastik *Wolke & Stuhl* (1990) von Tàpies. Die mit über 300 Werken vollständigste Tàpies-Sammlung deckt das gesamte Spektrum des Künstlers ab. Auch eindrucksvolle abstrakte Arbeiten wie *Grau Ocker auf Braun* (1962) zählen zum Bestand.

### 8 Rambla de Catalunya
Karte E2

Die von Bäumen gesäumte Rambla de Catalunya bildet die elegante Fortsetzung des Prachtbouelvards La Rambla. Entlang der Straße stehen viele schöne Gebäude, z. B. die Farmàcia Bolos (Nr. 77) im Modernisme-Stil. Von zahlreichen Straßencafés aus kann man das Treiben beobachten *(siehe S. 67)*.

### 9 Museu Egipci
Karte E2 ■ C/ València 284 ■ +34 934 880 188 ■ Mo–Sa 11–15, 16–19 Uhr ■ Eintritt ■ www.museuegipci.com

Spaniens bedeutendstes Ägyptisches Museum stellt Objekte aus 3000 Jahren Geschichte aus, darunter Mumien von Menschen und Tieren, Terrakottafiguren und eine Büste der Löwengöttin Sekhmet (700–300 v. Chr.).

### 10 Museu del Disseny
Karte H3 ■ Pl de les Glòries Catalanes 37–38 ■ +34 932 566 800 ■ Di–So 10–14, 15–20 Uhr ■ Eintritt (So ab 15 Uhr & 1. So im Monat frei) ■ www.museudeldisseny.cat

Das Museum präsentiert mit rund 70 000 Exponaten Design vom Mittelalter bis heute. Wechselausstellungen widmen sich der Kunst, Architektur und Mode, der Museumsshop verkauft interessante Geschenkartikel und Designobjekte. Das von Oriol Bohigas gestaltete Gebäude ist der Sitz von Foment de les Arts i del Disseny (FAD).

Museu del Disseny

**Spaziergang**

▶ **Vormittags**

Die Exponate im **Museu del Modernisme de Barcelona** (C/ Balmes 48, www.mmbcn.cat) bieten eine Einführung in den Modernisme. Schlendern Sie danach durch die Gärten der Universitat de Barcelona und gehen Sie auf der Gran Via weiter nach Osten, vorbei am **Hotel El Palace Barcelona** *(siehe S. 142)* und nach rechts den C/ Bruc hinunter, um einen Blick auf die von Antoni Gaudí erbaute **Casa Calvet** am C/ Casp zu werfen. Gehen Sie drei Häuserblocks zurück zum **Passeig de Gràcia**. Dort biegen Sie nach rechts zur **Mansana de la Discòrdia** *(siehe S. 107)* ab, wo Sie die Casa Lleó Morera, Casa Amatller oder Casa Batlló besichtigen können. Das spannende **Museu del Perfum** *(siehe S. 43)* bietet Ihnen eine Welt der Düfte, ebenso wie die Parfümerie Regia *(siehe S. 110)*. Gehen Sie nach Norden zu Gaudís **Casa Milà (La Pedrera)** *(siehe S. 26f)*. Das **Windsor** *(siehe S. 113)* am C/ Còrsega nordöstlich der Rambla de Catalunya bietet katalanische Gerichte auf hohem Niveau an.

### Nachmittags

Gehen Sie die Av Diagonal nach Südosten, vorbei an der **Casa Terrades** (Nr. 416, *siehe S. 45*). Folgen Sie der Diagonal, biegen Sie nach links in den Pg Sant Joan ein (der **Palau Macaya**, Nr. 108, zeigt ebenfalls eine Modernisme-Ausstellung). Der C/ Mallorca führt Sie direkt zur **Sagrada Família**. Rasten Sie in einer der Bars der Umgebung.

Siehe Karte S. 106f ←

# Designläden

**Design fürs Heim bei Pilma**

### ① Pilma
**Karte E1** ▪ **Av Diagonal 403**
▪ So geschl. ▪ www.pilma.com
Der Laden bietet moderne Wohnaccessoires von internationalen und katalanischen Designern an.

### ② Doméstico Shop
**Karte D1** ▪ **C/ Diagonal 419** ▪ **So geschl.** ▪ www.domesticoshop.com
Ein bekannter Name in der Welt der Innenarchitektur – hier findet man Möbel und Accessoires.

### ③ Regia
**Karte E2** ▪ **Pg de Gràcia 39**
▪ So geschl. ▪ www.regia.es
Die größte Parfümerie der Stadt bietet Düfte aller führenden Marken und einige andere Artikel. Passenderweise beherbergt das Gebäude außerdem das Museu del Perfum *(siehe S. 43)*. Hier sieht man, wie sich die Flakons seit der Zeit des antiken Ägypten bis heute entwickelt haben.

### ④ Dos i Una
**Karte E2** ▪ **C/ Rosselló 275**
▪ +34 932 177 032
Der Geschenkeladen hat einen Metallboden und ist in psychedelischen Farben gehalten. Er führt vor allem originelle Souvenirs »Made in Barcelona«.

### ⑤ Odd Kiosk
**Karte D2** ▪ **C/ València 222**
Barcelonas erster LGBTQ+ Shop ist vollgepackt mit Modemagazinen, Fanzines und Karten.

### ⑥ Nanimarquina
**Karte F2** ▪ **C/ Rosselló 256** ▪ **So, Mo geschl.** ▪ www.nanimarquina.com
Exquisite handgeknüpfte Teppiche und handgewebte Textilien begeistern mit ihren schönen Farben im geschmackvollen weißen Showroom.

### ⑦ Azul Tierra
**Karte E2** ▪ **C/ Còrsega 276 – 282**
▪ So, Mo geschl. ▪ www.azultierra.es
Auf einer riesigen Ausstellungsfläche findet man bestes Möbel-Design und vielfältige Dekor-Objekte, von Spiegeln bis zu Kerzenleuchtern.

### ⑧ Àmbit
**Karte F2** ▪ **C/ Aragó 338**
▪ +34 934 592 420
Der Showroom bietet eine große Auswahl an Möbeln von Top-Designern sowie ein Sortiment an Kelims, Teppichen, Kissen, Spiegeln und anderen Dekorationsobjekten.

**Designobjekte im Nordik Think**

### ⑨ Nordik Think
**Karte D1** ▪ **C/ Casanova 214**
▪ So geschl. ▪ www.es.nordicthink. com/showroom
Der Showroom für skandinavisches Design zeigt elegante und minimalistische Möbel, Beleuchtung und vieles mehr von Top-Designern.

### ⑩ Bagués Joieria
**Karte E2** ▪ **Pg de Gràcia 41** ▪ **So geschl.** ▪ www.bagues-masriera.com
Der Juwelierladen besteht seit 1839. Die edlen Schmuckstücke, die hier zum Verkauf stehen, wurden alle nach traditionellen Verfahren handgefertigt.

# Bars

**(1) Milano**
Karte E3 ▪ Ronda Universitat 35
▪ +34 931 127 150 ▪ Zeiten variieren
Die Cocktails in der Bar mit den roten Samtsofas laden zu einem Drink am späten Abend ein. Gelegentlich wird Livejazz gespielt.

**(2) Xixbar**
Karte C4 ▪ C/ Rocafort 19
▪ +34 934 161 399 ▪ Zeiten variieren
Die Gin Tonics in der kleinen Bar werden mit den vielen Ginsorten aus dem benachbarten Laden gemixt.

**(3) Les Gens Que J'aime**
Karte E2 ▪ C/ València 286
▪ +34 932 156 879 ▪ So–Do 18–1, Fr, Sa 19–1 Uhr
Nach einem Bummel über den Passeig de Gràcia und die Rambla de Catalunya lädt die Bar zu einem Drink bei sanfter Musik ein.

**(4) Slow Bar**
Karte D1 ▪ C/ Paris 186 ▪ +34 933 681 455 ▪ Mo–Fr 19–5, Sa 18–6 Uhr
Die rot leuchtende Bar ist gleichzeitig ein Club mit Livemusik. Die Cocktails allein lohnen den Besuch.

**(5) Bar Marfil**
Karte E2 ▪ Rambla de Catalunya 104 ▪ +34 935 500 606 ▪ tägl. 8–24 Uhr
Gäste der Bar des Hotel Murmuri genießen Cocktails in Lehnstühlen im Barockstil.

**(6) Cotton House Hotel Terrace**
Karte F3 ▪ Gran Via de les Corts Catalans 670
▪ +34 934 505 045 ▪ tägl. 7–24 Uhr
Ein Pflanzendschungel, Korbmöbel und gute Cocktails sind Markenzeichen der Bar des Hotels *(siehe S. 61)*.

**(7) Ideal**
Karte D2 ▪ C/ Aribau 89
▪ +34 934 531 028 ▪ tägl. 12–2.30 Uhr
Der Barkeeper José María Gotarda eröffnete die luxuriöse Cocktailbar 1931, inzwischen führt sie sein Sohn. Es gibt über 80 Whiskysorten.

**(8) Jardín del Alma**
Karte E2 ▪ C/ Mallorca 271
▪ +34 932 164 478 ▪ tägl. 16–20 Uhr
In diesem schicken Hotel erwartet Sie ein bezaubernder Garten *(siehe S. 61)*. Lassen Sie sich in eines der Plüschsofas sinken und genießen Sie ein Glas Wein und einige Tapas.

**(9) Ajoblanco**
Karte E1 ▪ C/ Tuset 20
▪ +34 936 678 766 ▪ Zeiten variieren
Tagsüber ist es ein Speiselokal, abends verwandelt es sich in eine Cocktailbar, die auch gute regionale Weine auf der Karte hat. Mittwochs finden Konzerte statt, am Wochenende legen DJs auf.

**(10) Dry Martini**
Karte D2 ▪ C/ Aribau 162
▪ +34 932 175 072 ▪ Zeiten variieren
In der klassisch eleganten Bar werden die Cocktails von ausnehmend talentierten Barkeepern gemixt. Sanfter Jazz im Hintergrund sorgt für eine entspannte Atmosphäre.

Barbereich im Dry Martini

Siehe Karte S. 106f

# Cafés

**In der Galeria Cosmo mischen sich Kunst und Genuss**

### ① Laie Llibreria Cafè
Karte E3 ▪ C/ Pau Claris 85
▪ +34 933 181 739 ▪ So geschl.

Der lebhafte kulturelle Treffpunkt in einem der besten Buchläden der Stadt besitzt eine große Terrasse *(siehe S. 64)*.

### ② Cafè del Centre
Karte F3 ▪ C/ Girona 69
▪ +34 934 881 101 ▪ So geschl.

Man sagt, dies sei das älteste Café in Eixample. Auf jeden Fall kann man in dem seit 100 Jahren unveränderten Holzinterieur in aller Ruhe guten Kaffee trinken.

### ③ Casa Alfonso
Karte F3 ▪ C/ Roger de Llúria 6
▪ +34 933 019 783 ▪ So geschl.

Das elegante Café existiert seit 1929. Hier bekommt man den wohl besten *pernil* (Serrano-Schinken) der Stadt.

### ④ Oma Bistro
Karte D3 ▪ C/ Consell de Cent 227 ▪ +34 933 487 049

Das Oma Bistro ist ein hübscher Raum im Loft-Stil mit farbenfrohen, nicht zusammenpassenden Möbeln.

### ⑤ Pastelerias Mauri
Karte E2 ▪ Rambla de Catalunya 102 ▪ +34 932 151 020 ▪ So abends geschl.

Die im Modernisme-Stil eingerichtete Konditorei mit Café existiert seit 1929. Sie zählt zu den schönsten und besten der Stadt.

### ⑥ Galeria Cosmo
Karte E2 ▪ C/ Enric Granados 3
▪ +34 931 057 992

Das Café in einer Kunstgalerie liegt in einer verkehrsberuhigten Straße. Es serviert Sandwiches, Kuchen und Tapas.

### ⑦ Baluard
Karte F2 ▪ Hotel Praktik Bakery, C/ Provença 225 ▪ +34 932 694 818 ▪ So abends geschl.

Das Café in der Lobby eines Hotels serviert Gourmetsalate, Sandwiches und Gebäck.

### ⑧ Velódromo
Karte D1 ▪ C/ Muntaner 213
▪ +34 934 306 022

Die historische Bar mit Mobiliar aus den 1930er Jahren wurde von Carles Abellan wiedereröffnet. Die ausgeklügelten Versionen katalanischer Gerichte sind exquisit.

### ⑨ Manso's Café
Karte C4 ▪ C/ Manso 1
▪ Mo geschl. ▪ +34 933 486 346

Eine Adresse für fabelhafte Kuchen, guten Kaffee, leckere Suppen und Quiches. Man speist auf der kleinen Terrasse oder im gemütlichen Lokal.

### ⑩ Granja Petitbo
Karte D2 ▪ C/ Mallorca 194
▪ www.granjapetitbo.com

Lassen Sie sich in ein Sofa fallen und genießen Sie Snacks (viele vegane und vegetarische Optionen).

# Restaurants & Tapas-Bars

**Preiskategorien**

Preis für ein Drei-Gänge-Menü (oder Vergleichbares) pro Person mit einer halben Flasche Wein inkl. Steuern und Service.

€ unter 35 €   €€ 35 – 50 €   €€€ über 50 €

### 1 Joséphine
**Karte E2** ▪ C/Pau Claris 147
▪ +34 938 535 540 ▪ Sa, So geschl. ▪ €

Das Café im französischen Kolonialstil serviert den ganzen Tag über Kaffee und Snacks, abends dann auch größere Mahlzeiten.

### 2 Cinc Sentits
**Karte D2** ▪ C/ Aribau 58 ▪ +34 933 239 490 ▪ Mo – Mi geschl. ▪ €€€

Fünf Sinne *(cinc sentits)* will dieses schicke Restaurant ansprechen und interpretiert klassische katalanische Küche neu. Dafür gab es einen Michelin-Stern *(siehe S. 63)*.

### 3 Igueldo
**Karte E2** ▪ C/ Rosselló 186 ▪ +34 934 522 555 ▪ So geschl. ▪ 🦽 ▪ €€

In elegantem Ambiente wird baskische Küche serviert. Im Igueldo gibt es auch eine Tapas-Bar *(siehe S. 62)*.

### 4 Disfrutar
**Karte D2** ▪ C/ de Villarroel 163
▪ +34 933 486 896 ▪ So, Mo geschl.
▪ 🦽 ▪ €€

Das Restaurant vor einem Markt bietet avantgardistische Gerichte, die ein komplettes gastronomisches Erlebnis ermöglichen *(siehe S. 63)*.

### 5 El Principal del Eixample
**Karte E2** ▪ C/ Provença 286 – 288
▪ So abends geschl. ▪ €€

Im Terrassengarten genießt man mediterrane Gerichte. Das Mittagsmenü ist sehr zu empfehlen.

### 6 Cervecería Catalana
**Karte E2** ▪ C/ Mallorca 236
▪ +34 932 160 368 ▪ 🦽 ▪ €

Das Lokal nahe der Rambla de Catalunya reicht feinste Tapas zum Bier.

### 7 Windsor
**Karte E1** ▪ C/ Còrsega 286
▪ +34 932 377 588 ▪ 3 Wochen im Aug geschl. ▪ 🦽 ▪ €€€

Katalanische *haute cuisine* passt hervorragend zu dem eleganten Ambiente mit Kronleuchtern und rot gepolsterten Möbeln. Sehr stimmungsvoll ist es auch, im Garten zu speisen *(siehe S. 62)*.

### 8 La Taverna del Clínic
**Karte D2** ▪ C/ Rosselló 155
▪ +34 934 104 221 ▪ So geschl. ▪ €€

In der gemütlichen Bar werden Tapas und klassische Gerichte angeboten *(siehe S. 62)*.

### 9 Paco Meralgo
**Karte D1** ▪ C/ Muntaner 171
▪ +34 934 309 027 ▪ 🦽 ▪ €

Die helle, moderne Tapas-Bar serviert Gerichte nach Rezepten aus dem ganzen Land.

### 10 Moments
**Karte E3** ▪ Pg de Gràcia 38 – 40
▪ +34 931 518 781 ▪ Di – Do mittags, So ▪ €€€

Im Mandarin Oriental *(siehe S. 145)* hat sich Moments für seine großartige katalanische Küche zwei Michelin-Sterne erkocht. Zu den beliebtesten Gerichten gehören Jakobsmuscheln mit Artischocken.

**Das Moments im Mandarin Oriental**

Siehe Karte S. 106f

# TOP10 Gràcia, Tibidabo & Zona Alta

Die Zona Alta (Oberstadt) umfasst mehrere Viertel im hügeligen Teil der Stadt. Pedralbes und Tibidabo sind eher vornehme Wohngegenden, Gràcia hat dagegen künstlerisches, kosmopolitisches Flair. Zu den 15 Parks zählen Gaudís fantasievoller Park Güell und der weitläufige Parc de Collserola, der sich wie ein grüner Teppich über den Berg Tibidabo legt. In Gràcias Straßenlabyrinth findet man zahlreiche spannende Läden, Bars und Plätze, die abends Menschenmengen anziehen.

Torre de Collserola

**TOP 10-Attraktionen**
siehe S. 117–119

**Restaurants & Tapas-Bars** siehe S. 123

**Läden in Gràcia**
siehe S. 120

**Bars & Clubs**
siehe S. 122

**Cafés in Gràcia**
siehe S. 121

Vallvidrera

Tibidabo

Tibidabo

Vallvidrera

Peu del Funicular

AUTOPISTA DE MONTSERRAT

Plaça del Funicular

RONDA DE DALT

RONDA DE DALT

Reina Elisenda

Bonanova

Penitents

Pedralbes

AV DE PEDRALBES

VIA AUGUSTA

P DE LA BONANOVA

Av del Tibidabo

AV DEL TIBIDABO

AVINGUDA DE LA REPÚBLICA ARGENTINA

Vallcarca

VALLCARCA

Sarrià

Sarrià

El Putxet

Parc de Pedralbes

Les Tres Torres

RONDA DEL GENERAL MITRE

Pàdua

Palau Reial

AVINGUDA

La Bonanova

Muntaner

Sant Gervasi

Lesseps

TRAVESSERA DE DALT

Maria Cristina

DIAGONAL

Galvany

VIA AUGUSTA

Gràcia

**Siehe kleine Karte Gràcia rechts**

Les Corts

CARRER DE NUMÀNCIA

AVINGUDA

DIAGONAL

Gràcia

C GRAN DE GRÀCIA

TRAVESSERA DE GRÀCIA

Gràcia

Badal

GRAN VIA CARLES III

Sants

AVDA DE J. TARRADELLAS

Entença

Hospital Clínic

Provença

Plaça de Sants

Sants Estació

**Vorherige Doppelseite** Fassade des Teatre-Museu Dalí, Figueres

### ① Monestir de Pedralbes

**Karte A1** ■ C/ Baixada del Monestir 9 ■ Apr–Sep: Di–Fr 10–17, Sa 10–19, So 10–20 Uhr; Okt–März: Di–Fr 10–14, Sa 10–19, So 10–20 Uhr ■ Eintritt (1. So im Monat & jeder So ab 15 Uhr frei) ■ ♿ ■ monestirpedralbes.barcelona

Der Name des gotischen Klosters *(siehe S. 40)* geht auf das lateinische *petras albas* (»weiße Steine«) zurück. Es wurde im 14. Jahrhundert von Königin Elisenda de Montcada gegründet, deren Alabastergrab in der Mauer zwischen der Kirche und dem beeindruckenden dreistöckigen gotischen Kreuzgang liegt. Die eingerichtete Küche, Zellen, Krankenstube und Refektorium vermitteln Einblicke in das Leben im Mittelalter.

Monestir de Pedralbes

### ② Parc d'Atraccions del Tibidabo

**Karte B1** ■ Pl de Tibidabo ■ variierende Öffnungszeiten, Mitte Juli–Mitte Sep: tägl., sonst meist Sa & So ■ Eintritt ■ ♿ ■ www.tibidabo.cat

Eine Zahnradbahn *(funicular)* führt auf den 517 Meter hohen Gipfel des Tibidabo, auf dem sich seit 1910 ein Vergnügungspark befindet. Zwar bieten einige Fahrbetriebe echten Nervenkitzel, Hauptattraktion sind jedoch die altmodischen, schön restaurierten Karussells. Im Park liegt auch das Museu dels Autòmats *(siehe S. 43)* mit Robotern, Automaten, Animationen und einem Modell des Parks.

### ③ Torre de Collserola

**Karte B1** ■ Parc de Collserola ■ variierende Öffnungszeiten, meist Sa & So, Juni–Sep: Mi–So; Details siehe Website ■ Eintritt ■ ♿ ■ www.torredecollserola.com

Der von Norman Foster gestaltete Fernsehturm ist von der ganzen Stadt aus zu sehen. Die nadelartige Spitze ist mit zwölf Stahltrossen verankert. Da der Collserola schon 445 Meter hoch ist, erreicht man mit dem gläsernen Aufzug an der Außenseite des Turms eine Höhe von 560 Meter über dem Meeresspiegel. Bei klarer Sicht reicht der Blick von der Aussichtsplattform bis nach Montserrat und zu den Pyrenäen.

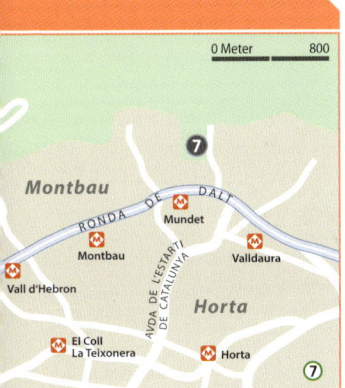

Camp Nou, das Heimstadion des FC Barcelona

### ④ Camp Nou

**Karte A2** ■ Eingang 9 Stadion, Av Arístides Maillol ■ Apr – Mitte Okt, Oster- und Weihnachtsferien: tägl. 9.30 – 19.30 Uhr; Mitte Okt – März: Mo – Sa 10 – 18.30, So 10 – 14.30 Uhr; an Spieltagen kürzere Zeiten ■ Eintritt (Reservierung erforderlich) ■ ♿ ■ www.fcbarcelona.com/camp-nou

Der Bau von Camp Nou, dem Heimstadion des FC Barcelona (»Barça«), erfolgte 1957, das Stadion bietet fast 100 000 Besuchern Platz. Unter dem Motto »Camp Nou Experience« finden Touren durchs Stadion statt, die auch das Museum des FC Barcelona *(siehe S. 42)* einschließen. Das meistbesuchte Museum der Stadt zeigt Trophäen und Andenken zur Geschichte des Vereins.

### ⑤ CosmoCaixa – Museu de la Ciència

**Karte B1** ■ C/ Isaac Newton 26 ■ +34 932 126 050 ■ tägl. 10 – 20 Uhr ■ Eintritt (unter 16 Jahren frei) ■ cosmocaixa.org ♿

Das Wissenschaftsmuseum begeistert mit interaktiven Exponaten. Sechs der neun Stockwerke des aus Glas und Stahl errichteten Gebäudes sind unterirdisch angelegt. Die Exponate umfassen historische Objekte, Pflanzen und Tiere. Der Amazonas-Bereich mit Fischen, Reptilien, Säugetieren, Vögeln und Pflanzen zählt zu den Hauptattraktionen. Geologische Prozesse wie Erosion und Sedimentation werden erläutert. Wechselausstellungen beschäftigen sich mit Umweltthemen *(siehe S. 43).*

### ⑥ Park Güell

Das architektonische Juwel, eine UNESCO-Welterbestätte, bietet Trencadís-Fliesen, eine schlangenförmige Bank, Märchenpavillons, Torbogen im gotischen Stil und die von Säulen getragene Sala Hipóstila. Verspieltheit und Symbolik durchdringen jedes Detail des von Gaudí gestalteten Parks. Das Casa Museu Gaudí in dem Haus, in dem Gaudí 20 Jahre lebte, erinnert an den Meister *(siehe S. 22f).*

### ⑦ Parc del Laberint d'Horta

**Karte C1** ■ C/ German Desvalls ■ tägl. 10 Uhr – Sonnenuntergang ■ Eintritt (Mi & So frei) ■ Nov geschl.

1802 empfing der Marquès d'Alfarràs auf der schönen Anlage eine Gesellschaft anlässlich des Besuchs von Carlos IV. Der italienische Architekt Domenico Bagutti schuf die Gärten mit einem Wasserfall, Kanälen und einem Irrgarten aus Zypressen.

---

**Gràcia**

Gràcia war bis zum Ende des 19. Jahrhunderts eine stolze, unabhängige Stadt. Trotz des Protests der Bewohner wurde sie 1898 in Barcelona eingemeindet. Der Stadtteil hat sich jedoch einen Sinn für Eigenständigkeit erhalten. Heute blüht in dem Viertel nicht nur das Gastronomiegewerbe, auch die Zahl der Kunsthandwerker wächst. Die Festa Major de Gràcia *(siehe S. 72)* im August lohnt den Besuch.

## ⑧ Parc de Collserola

Karte B1 ■ Information:
C/ Església 92 ■ +34 932 803 552
■ www.parcnaturalcollserola.cat

Der 6500 Hektar große Naturpark
jenseits des Gipfels des Tibidabo
ist Teil des Küstengebirgszugs
Serralada Litoral Catalana und
eine Oase zum Wandern und Rad-
fahren. Markierte Wege und Natur-
lehrpfade durchziehen das Gelände.

## ⑨ Casa Vicens

C/ de les Carolines 20 ■ tägl.
10 – 20 Uhr (letzter Einlass 19 Uhr)
■ Eintritt ■ www.casavicens.org

Antoni Gaudís erster großer Auftrag,
dieses ehemalige Privathaus *(siehe
S. 45)*, liegt in einer Wohnstraße. Die
Fassade ist Farbenpracht pur, die
Zimmer sind voller Intarsienarbei-
ten, verschnörkelter Details und
einem von der Natur inspirierten
Ambiente.

## ⑩ Temple Expiatori del Sagrat Cor

Die weithin sichtbare Herz-Jesu-
Kirche wurde zwischen 1902 und
1951 nach den Entwürfen von Enric
Sagnier erbaut. Prägnant ist die
große Christusfigur auf dem Haupt-
turm. Zur Plattform auf dem Turm
fährt ein Lift, aber auch von der Aus-
sichtsterrasse bietet sich ein herr-
licher Ausblick *(siehe S. 40)*.

**Temple Expiatori del Sagrat Cor**

### Höhentour

### ▶ Vormittags

Nehmen Sie den Bus Turístic,
um den Norden der Stadt zu durch-
fahren. Steigen Sie an der
Plaça de Catalunya ein (Tickets
im Bus; ermäßigter Eintritt für
Attraktionen unterwegs) und setzen Sie sich auf das obere Deck,
um all die Modernisme-Gebäude
auf dem Passeig de Gràcia zu
sehen. Steigen Sie zuerst beim
**Park Güell** aus und besichtigen
Sie die von Gaudí geschaffene
Anlage *(siehe Ticket-Infos S. 23)*.
Mit dem Bus geht es weiter nach
Norden zum Südende der Avinguda Tibidabo. Gehen Sie die
Avinguda Tibidabo 500 Meter hinauf und genießen Sie im Garten
des palastartigen **El Asador de
Aranda** *(siehe S. 123)* exzellente
kastilische Gerichte.

### Nachmittags

Spazieren Sie auf der Avinguda
Tibidabo zur **Plaça Doctor Andreu**. Dort steigen Sie in die
Zahnradbahn ein, die Sie zur
**Plaça de Tibidabo** bringt. Unternehmen Sie im **Parc d'Atraccions**
*(siehe S. 117)* eine Fahrt mit der
Achterbahn oder mit dem Riesenrad. Danach steuern Sie die **Torre
de Collserola** *(siehe S. 117)* an und
sausen mit dem gläsernen Lift
zur Aussichtsplattform hinauf. Mit
der Zahnradbahn geht es zurück
zur Plaça Doctor Andreu. Gönnen
Sie sich ein *granissat (siehe S. 65)*
auf einer Caféterrasse. Danach
fahren Sie mit Bus 196 die **Avinguda Tibidabo** entlang. Der Bus
Turístic bringt Sie zur Stadtmitte
zurück.

Siehe Karte S. 116f ←

# Läden in Gràcia

Mode und Accessoires im Boo

**① Boo**
C/ Bonavista 2 ∎ +34 933 681 458 ∎ Mo–Sa 11–20.30 Uhr
Der Raum ist schick, zeitgemäß und vermittelt mit einigen Details doch ein leichtes Retro-Feeling. Hier gibt es Mode für Männer und Frauen von international bekannten Labels. Selbst Parfums und Bücher kann man hier kaufen.

**② Lydia Delgado**
C/ Séneca 28 ∎ +34 932 181 630 ∎ Mo–Sa 10.30–20.30 Uhr
Die etablierte katalanische Designerin orientiert sich bei ihren Entwürfen an der Mode der 1950er und 1960er Jahre. Stickereien und Patchwork harmonieren mit filigranen Stoffen in wechselnden Farben.

**③ José Rivero**
C/ Astúries 43 ∎ +34 932 373 388 ∎ Mo–Sa 11–14, 17–21 Uhr
Der Designer José Rivero verkauft im Shop seine eigenen Modelinien für Damen und Herren sowie handgefertigte Accessoires von jungen einheimischen Designern.

**④ Berta Sumpsi**
Karte F1 ∎ C/ Verdi 98 ∎ +34 676 870 122 ∎ Mo–Sa 11–20 Uhr
Der kleine Laden dient auch als Werkstatt und als Ausstellungsraum. Er zeigt eine ungewöhnliche Auswahl an Schmuck in einer wunderschönen Umgebung.

**⑤ Érase Una Vez**
C/ Bonavista 13 ∎ +34 697 805 409 ∎ Mo–Fr 10.30–14, 16.30–20, Sa 11–14 Uhr
Die Boutique mit dem Namen »Es war einmal« ist wirklich märchenhaft. Neben wunderbaren Eigenkreationen werden Brautkleider der renommiertesten Designer angeboten.

**⑥ The Vos Shop**
C/ Verdi 24 ∎ +34 933 112 114 ∎ Mo–Sa 11–21 Uhr
Diese Boutique führt Kreationen junger lokaler Designer. Die Kollektionen reichen von hellen Overalls bis hin zu bedruckten T-Shirts.

**⑦ Rock 01 Baby**
C/ Bonavista 16 ∎ +34 933 688 980 ∎ Mo–Fr 10.30–20.30, Sa 11–20.30 Uhr
Wenn Sie Ihr Kind mit Fantasie und ein wenig ausgefallen kleiden möchten, sind Sie hier genau richtig. Vielleicht begeistern Sie die T-Shirts mit den originellen Aufdrucken.

**⑧ Mushi Mushi**
C/ Bonavista 12 ∎ +34 932 922 974 ∎ Mo–Sa 11–15, 16.30–20.30 Uhr
Der kleine Laden führt Damenmode vieler Labels. Es gibt auch ein kleines Sortiment an Handtaschen, Damenschuhen und Accessoires.

**⑨ El Piano**
C/ Verdi 20 bis ∎ +34 934 155 176 ∎ Mo–Sa 11–21 Uhr
Die Boutique verkauft Damenmode im Retro-Stil von der katalanischen Designerin Tina García und anderen unabhängigen Designern.

**⑩ Botó & Co**
C/ Bonavista 3 ∎ +34 936 762 271 ∎ Mo–Sa 10–21 Uhr
Dies ist der dritte und neueste Laden von Botó & Co in Barcelona. Hier bekommt man cool-lässige Damenmode – u. a. Jeans von Current/Elliot und Schuhe von Sigerson Morrison.

# Cafés in Gràcia

**1** **Cafè del Sol**
Pl del Sol 16 ▪ +34 932 371 448
▪ &

Die Café-Bar an der lebhaften Plaça del Sol hebt sich ein wenig von der Konkurrenz ab, auch wegen der spannenden Gäste. Die Atmosphäre hier ist ebenso anregend wie der ausgezeichnete Kaffee.

**2** **Cafè Salambó**
C/ Torrijos 51 ▪ +34 932 186 966
▪ &

Die reizende, holzgetäfelte Café-Bar lockt mit köstlichen Sandwiches und Salaten. In dem darüberliegenden Stockwerk stehen Billardtische.

**3** **Bar Quimet**
Karte E1 ▪ C/ Vic 23 ▪ +34 932 184 189

Die authentische, altmodische Bar mit Marmortischen und großen Holzfässern lädt zu einem Aperitif ein. Genießen Sie zum Wermut Oliven und *boquerones* (Sardellen).

**4** **La Cafetera**
Pl de la Virreina 2 ▪ +34 936 677 938

Das Café besitzt eine nette Terrasse und einen kleinen Innenhof mit Topfpflanzen. Es eignet sich hervorragend für einen ruhigen Start in den Tag bei Kaffee und Sandwiches.

**5** **Suís & Bowls**
Travessera de Gràcia 151
▪ +34 934 153 698 ▪ &

Das farbenfrohe Café bietet gesunde Mahlzeiten (u. a. frische Salate) sowie Säfte, Kuchen und Gebäck.

**6** **Mama's Café**
Karte F1 ▪ C/ Torrijos 26
▪ +34 932 100 050 ▪ Di geschl.

Das hübsche minimalistisch eingerichtete Café hat einen kleinen Hof. Den ganzen Tag gibt es Salate und Sandwiches aus Bio-Produkten, hausgemachte Kuchen, frisch gepresste Säfte und Cocktails.

**7** **Onna Coffee**
Karte E1 ▪ C/ Santa Teresa 1
▪ +34 932 694 870

Hier verbreiten frisch vor Ort geröstete Kaffeebohnen einen köstlichen Duft. Zum schwarzen Getränk passen die hausgemachten Kuchen, aber auch die mit gesunden Belägen zubereiteten Sandwiches.

**8** **Cafè del Teatre**
C/ Torrijos 41 ▪ +34 934 160 651

Das nette junge Publikum ist Unterhaltungen gegenüber aufgeschlossen. Die einzige Verbindung zum Theater scheinen die Samtvorhänge über dem Türschild des etwas heruntergekommenen, aber gut besuchten Cafés zu sein.

**9** **La Nena**
Karte F1 ▪ C/ Ramón y Cajal 36
▪ +34 932 851 476

Das Café besitzt einen eigenen Raum mit Tischen und Spielen für Kinder. Die hausgemachten Kuchen, Säfte und heißen Getränke sind beliebt.

**10** **Sabio Infante**
C/ Torrent de l'Olla 39
▪ +34 937 204 636 ▪ Mo geschl.

Beste selbst gebackene Kuchen und feinster Kaffee sind Markenzeichen dieses farbenfrohen Cafés, das mit allerlei Kitsch dekoriert ist.

Terrasse des Cafés La Cafetera

Siehe Karte S. 116f →

# Bars & Clubs

**Barbereich im Bobby Gin**

**① Bobby Gin**
Karte E1 ▪ C/ Francisco Giner 47
▪ www.bobbygin.com ▪ ♿

In der Cocktailbar kann man aus rund 60 verschiedenen Sorten exzellenten Gins wählen. Das Motto der Bar ist »Ehre den Gin« und damit auch eine Reverenz an den Nachnamen des Besitzers.

**② Las Vermudas**
Karte F1 ▪ C/ Robí 32 ▪ Mo geschl. ▪ www.lasvermudas.com/es/embajada-de-gracia

Las Vermudas bietet eine fantastische Auswahl an Wermut. Genießen Sie ein Glas auf der Terrasse oder bei einem der Live-Konzerte.

**③ Mirablau**
Pl Dr Andreu ▪ Do geschl.
▪ www.mirablaubcn.com

Gute Cocktails und der Blick auf die Stadt locken ein älteres Publikum in die Bar. Der Dresscode ist elegant.

**④ Gimlet**
C/ Santaló 46 ▪ So geschl.
▪ www.drymartini.org

1982 eröffnete Javier de las Muelas, ein klangvoller Name in der Cocktail-Szene, das Gimlet als klassische Bar. In eleganter Atmosphäre wird hier der Gast Zeuge davon, mit welcher Kunstfertigkeit der perfekte Cocktail gemixt werden kann.

**⑤ Luz de Gas**
Karte D1 ▪ C/ Muntaner 246
▪ Mi – Sa ▪ www.luzdegas.com

Der seit Mitte der 1990er Jahre betriebene Club ist in einem ehemaligen Theater untergebracht. Mit roten Samtvorhängen und Kronleuchtern hat er sich seinen Retro-Charme bewahrt. Live-Bands und DJs sorgen für guten Sound.

**⑥ The Hideout Bar**
C/ Alzina 2

Die Bar liegt etwas versteckt hinter der Plaça de la Virreina und ist mit skurrilen Vintage-Fundstücken ausgestattet. Die hübsche Terrasse ist ideal zum Entspannen.

**⑦ Torre Rossa**
C/ Francesc Tàrrega 22 ▪ mittags geschl. ▪ www.torrerossa.com

Unter den Palmen auf der Terrasse kann man der Sommerhitze gut entfliehen. Das Angebot an Cocktails ist überragend *(siehe S. 61)*.

**⑧ La Cervesera Artesana**
Karte F1 ▪ C/ Sant Agustí 14
▪ tägl. ab 18 Uhr

Die kleine Gasthausbrauerei schenkt neben ihren eigenen Produkten auch importiertes Bier aus. Das Iberian Pale Ale ist einen Versuch wert.

**⑨ Elephanta**
Torrent d'en Vidalet ▪ www.elephanta.cat

Das Elephanta ist auf Gins spezialisiert und bietet auch perfekt gemixte Cocktails, die in einem freundlichen Ambiente serviert werden. Am frühen Abend erinnert die Bar an ein gemütliches Café.

**⑩ Bikini**
Av Diagonal 547 ▪ Mo, Di geschl.
▪ Eintritt ▪ www.bikinibcn.com ▪ ♿

Der Club bietet einen Bereich mit Dance Music und einen mit Cocktaillounge. Er hat erst ab Mitternacht geöffnet. Bei Konzerten sind einige der besten Bands Europas zu hören.

# Restaurants & Tapas-Bars

**Preiskategorien**

Preis für ein Drei-Gänge-Menü (oder Vergleichbares) pro Person mit einer halben Flasche Wein inkl. Steuern und Service.

€ unter 35 €   €€ 35 – 50 €   €€€ über 50 €

**1 El Asador de Aranda**
Av Tibidabo 31 ▪ +34 934 170 115 ▪ Nov – Mai: So abends geschl. ▪ €€
Das Restaurant im prächtigen Modernisme-Haus Casa Roviralta lockt viele Geschäftsleute an. Lammbraten aus dem Ofen kann man auch im schönen Garten genießen *(siehe S. 62)*.

**2 Hofmann**
C/ La Granada del Penedès 14 – 16 ▪ +34 932 187 165 ▪ Sa mittags, So, Osterwoche, Aug, Weihnachten geschl. ▪ € ▪ €€€
Das Hofmann ist bekannt für ausgezeichnete katalanische Gerichte und köstliche Desserts. Dafür gab es einen Michelin-Stern.

**3 Abissínia**
C/ Torrent de les Flors 55 ▪ +34 932 130 085 ▪ Di geschl. ▪ €
Das äthiopische Restaurant bietet traditionelles *injera* (Brot) zu köstlichen Eintöpfen. Vegetarier finden eine große Auswahl vor.

**4 Il Giardinetto**
Karte E1 ▪ C/ La Granada del Penedès 28 ▪ +34 932 187 536 ▪ Di geschl. ▪ €€
Das Dekor ist überwiegend grün, und der junge Koch Sergio Millet kreiert mediterrane Gerichte, etwa »Spaghetti alla Sophia Loren« (mit Anchovis und Petersiliensauce).

**5 Fragments Café**
Pl de la Concòrdia 12 ▪ +34 934 199 613 ▪ Mo geschl. ▪ €
Die Plaça de la Concòrdia im Viertel Les Corts verströmt Kleinstadtatmosphäre. Das reizende Café serviert im Gastraum und auf der Terrasse exquisite Tapas *(siehe S. 61)*.

**6 Bonanova**
C/ Sant Gervasi de Cassoles 103 ▪ +34 934 171 033 ▪ So abends & Mo geschl. ▪ € ▪ €€
Etwas abseits der ausgetretenen Pfade serviert das Bonanova seit 1964 einfache traditionelle Gerichte aus frischen Produkten.

**7 La Balsa**
C/ Infanta Isabel 4 ▪ +34 932 115 048 ▪ So abends, Mo, Ostern, Aug mittags geschl. ▪ €€
Das Restaurant im Bezirk Bonanova hat gleich zwei Terrassen und bietet baskische, katalanische und mediterrane Küche zur Auswahl.

**8 Pappa e Citti**
Karte F1 ▪ C/ Encarnació 38 ▪ +34 687 657 111 ▪ So geschl. ▪ €
Dieses Restaurant verwöhnt mit sardischen Gerichten. Probieren Sie die Platte mit Brot, Käse und Wurstspezialitäten, Eintöpfe oder Pasta.

**9 Botafumeiro**
C/ Gran de Gràcia 81 ▪ +34 932 184 230 ▪ € ▪ €€€
Die Auswahl an Seafood ist grandios. Probieren Sie *pulpo gallego* (Oktopus auf galicische Art). Reservieren Sie frühzeitig.

**10 Acontraluz**
C/ Milanesat 19 ▪ +34 932 030 658 ▪ So abends geschl. ▪ €€
Das ruhig gelegene Restaurant besitzt eine nette Terrasse und große Fenster, die im Sommer offen stehen. Serviert werden moderne Variationen katalanischer Klassiker.

**Gepflegte Atmosphäre im Acontraluz**

Siehe Karte S. 116f

# TOP10 Abstecher

Das an Traditionen reiche Katalonien, das seine Eigenständigkeit nicht nur in der Sprache betont, bietet viele kulturelle und landschaftliche Attraktionen. Im Norden ragen die Gipfel der Pyrenäen auf, schöne Sandstrände und felsige Buchten mit klarem Wasser säumen die Küste. Katalonien ist reich an malerischen Kirchen und Klöstern, viele davon in einsamen Bergregionen. Die heimische Küche begeistert auch Feinschmecker. Der nach der *méthode champenoise* hergestellte Cava kann sich gut mit französischem Champagner messen.

Teatre-Museu Dalí

## ① Montserrat

**Information: Pl de la Creu**
■ +34 938 777 777 ■ www.montserrat
visita.com

Das beeindruckende Sandsteingebirge mit dem abgeschiedenen Benediktinerkloster von 1025 ist das Ziel vieler Pilger. Die Basilika birgt eine Statue der als »Schwarze Jungfrau« bekannten Schutzpatronin Kataloniens, La Moreneta *(siehe S. 41)*. Der Legende nach datiert die Figur aus dem Jahr 50 n. Chr., Untersuchungen zufolge wurde sie jedoch erst im 12. Jahrhundert gefertigt. Das Klostergebäude wurde 1811 im Unabhängigkeitskrieg weitgehend zerstört und etwa 30 Jahre

**Kloster Montserrat**

später wiederaufgebaut. Vom Gipfel, der per Seilbahn erreichbar ist, führen Wege zu beeindruckenden Schluchten und Einsiedeleien.

## ② Teatre-Museu Dalí, Figueres

**Pl Gala-Salvador Dalí, Figueres**
■ +34 972 677 500 ■ **Zeiten variieren**
■ **Casa Salvador Dalí: Portlligat, Cadaqués** ■ +34 972 251 015 ■ **Zeiten variieren** ■ **Eintritt** ■ www.salvador-dali.org

Der surrealistische Künstler Salvador Dalí wurde 1904 in Figueres geboren. Schon mit 15 Jahren hatte er seine erste Ausstellung. Das Teatre-Museu Dalí, das zu den meistbesuchten Museen Spaniens zählt, zeigt Werke des exzentrischen Künstlers. Es ist in einem ehemaligen Theater untergebracht. Die Exponate bieten einen einzigartigen Einblick in das außergewöhnliche Schaffen Dalís. Sie reichen vom 1926 entstandenen Bild *La Cesta de Pan* bis zum Gemälde *El Torero Alucinógeno* von 1970.

Eine 30-minütige Autofahrt führt zur 55 Kilometer südlich gelegenen Casa Salvador Dalí nahe dem Küstenort Cadaqués. Das Gebäude diente dem Künstler 60 Jahre bis zu seinem Tod 1989 als Sommerhaus.

Diese beiden Sehenswürdigkeiten sind Hauptattraktionen des sogenannten »Dalí-Dreiecks«. Die dritte ist das Castillo Gala Dalí in Púbol, das der Künstler seiner Frau Gala schenkte.

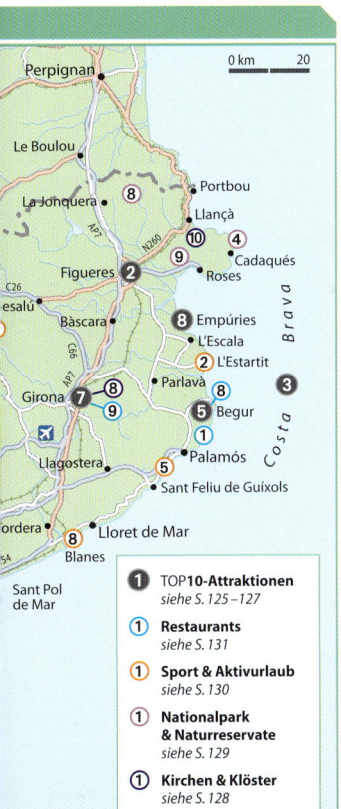

### ③ Costa Brava

Die Costa Brava ist ein schöner Abschnitt der Mittelmeerküste, der sich von Blanes (rund 60 km nördlich von Barcelona) bis zur französischen Grenze erstreckt. Es gibt einige erschreckend zugebaute Orte wie Lloret de Mar und Roses, aber viele kleinere Orte wie Calella de Palafrugell und Tamariu haben sich ihre Atmosphäre noch etwas bewahrt. Zu den kulturellen Highlights gehören die mittelalterliche Zitadelle über Tossa de Mar und der Espai Carmen Thyssen in Sant Feliu de Guíxols. Einige Wanderwege verlaufen an der Küste, etwa die Camins de Ronda.

### ④ Alt Penedès

Information: C/ Hermenegild Ciascar 2, Vilafranca del Penedès ■ +34 938 181 254 (hier erhält man detaillierte Auskünfte über die Bodegas in der Region) ■ www.turismevilafranca.com

Die Cava produzierende Region von Penedès ist Kataloniens berühmtestes Weinbaugebiet. Die Marken Codorníu und Freixenet besitzen internationales Renommee. Die Bodega Codorníu, die sich in einem von Puig i Cadafalch entworfenen Modernisme-Gebäude befindet, ist außergewöhnlich: Sie besitzt Kellerräume von 26 Kilometern Länge auf fünf Etagen. Viele Bodegas können besichtigt werden.

### ⑤ Begur & Umgebung

Information: Av Onze de Setembre 5 ■ +34 972 624 520 ■ www.begur.cat

Die elegante Stadt Begur mit der Schlossruine aus dem 14. Jahrhundert liegt oberhalb eines Feuchtgebiets und einiger der schönsten Buchten der Costa Brava. Im Sommer strömen unzählige Besucher wegen der nahen Sandstrände und der kleinen abgeschiedenen Buchten hierher. Dann werden an vielen Stränden der Region Konzerte veranstaltet. Der Küstenabschnitt ist einer der schönsten in Katalonien.

Reste einer römischen Mauer, Tarragona

### ⑥ Tarragona

Information: C/ Major 39 ■ +34 977 250 795 ■ www.tarragonaturisme.cat

Tarragona, heute eine Industriestadt mit großem Hafen, war einst die Hauptstadt des römischen Kataloniens. Die Hauptsehenswürdigkeiten stammen aus jener Epoche: das Amphitheater und die Stadtmauer, die am Museu Nacional Arqueològic und an der Torre de Pilatos vorbeiführt. In dem Gemäuer wurden Christen gefangen gehalten, bevor man sie den Löwen vorwarf. In Tarragona befindet sich auch die Catedral de Santa Tecla (siehe S. 128).

Statue, El Call

### ⑦ Girona

Information: Rambla de la Llibertat 1 ■ +34 972 010 001 ■ www.girona.cat/turisme

Die Stadt hat angeblich den höchsten Lebensstandard in Katalonien. In der Altstadt liegt das jüdische Viertel El Call, eine der am besten erhaltenen mittelalterlichen Enklaven Europas. Die Catedral de Santa Maria (siehe S. 128) ist ein Muss.

### 8 Empúries

C/ Puig i Cadafalch s/n, Empúries ▪ +34 972 770 208 ▪ Juni – Sep: tägl. 10 – 20 Uhr; Okt – Mitte Nov & Mitte Feb – Mai: tägl. 10 – 18 Uhr; Mitte Nov – Mitte Feb: tägl. 10 – 17 Uhr ▪ Eintritt (Okt – Juni: letzter Di im Monat frei) ▪ www.macempuries.cat

Empúries ist nach Tarragona die zweitwichtigste Römerstätte Kataloniens. Auf einem 40 Hektar großen Areal liegen Relikte aus griechischer und römischer Zeit, darunter die Überreste einer Marktstraße, mehrere Tempel und Teile eines römischen Amphitheaters. Mit den nahen schönen Sandstränden bietet der Ort eine perfekte Kombination von Historie und Badevergnügen.

### 9 Port Aventura World

Av Pere Molas, Vila-seca, Tarragona ▪ +34 977 129 057 ▪ Zeiten variieren ▪ Eintritt ▪ ♿ ▪ www.portaventuraworld.com

Die Attraktionen des Freizeitparks sind in die Bereiche China, Westen der USA, Mittelmeer, Polynesien und Mexiko untergliedert. Mit Dragon Khan ist auf dem Gelände eine der größten Achterbahnen Europas.

### 10 Costa Daurada & Sitges

Information: Pl Eduard Maristany 2, Sitges ▪ +34 938 944 251 ▪ www.visitsitges.com

Die Costa Daurada hat breite Sandstrände. Torredembarra ist ein nettes Feriengebiet für Familien, Sitges im Sommer Treffpunkt der High Society. Der Ort ist auch in der LGBTQ+ Szene beliebt. Vor allem am Passeig Marítim mit seinen Restaurants und Bars herrscht eine kosmopolitische Atmosphäre.

Sitges

---

**Tagestour**

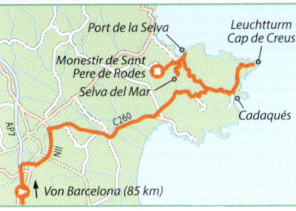

▶ **Vormittags**

Die Tour dauert etwa fünf Stunden. Fahren Sie von Barcelona auf der Autobahn AP7 bis zur Ausfahrt 4 und weiter auf der C260 nach Cadaqués. Kurz vor Cadaqués liegen an einem Aussichtspunkt das azurblaue Meer und die weiß getünchten Häuser des einstigen Fischerdorfs vor Ihnen. **Cadaqués**, heute eine der elegantesten Küstenstädte Kataloniens, bietet malerische Straßen, die von kleinen Läden gesäumt werden. Nach einem Bad im Meer und einem Kaffee auf einer der schicken Terrassen nehmen Sie die Straße über Portlligat zum Leuchtturm am **Cap de Creus** *(siehe S. 129)*. Sie führt durch die schöne, einsame Region der felsigen Landspitze und durch eine Bilderbuchlandschaft zurück nach **Port de la Selva**.

**Nachmittags**

Im von Bergen umschlossenen Port de la Selva könnten Sie zu Mittag essen. Exzellentes Seafood bekommen Sie beispielsweise in der Ca l'Herminda (C/ Illa 7). Im Nachbarort **Selva del Mar** mit dem kleinen Fluss können Sie anschließend auf der Terrasse der Bar Stop (C/ Port de la Selva 1) einen Kaffee nehmen, bevor es hinauf zum **Monestir de Sant Pere de Rodes** *(siehe S. 128)* geht. Auf dem Weg werden Sie wegen der Aussicht oft anhalten. Doch der schönste Blick eröffnet sich vom Kloster aus: Das Panorama reicht über die ganze Umgebung. Gut beschilderte Wege führen um die Bergspitze herum. Es lohnt sich, beim Kloster zu verweilen, bis die Sonne untergeht.

Siehe Karte S. 124f

# Kirchen & Klöster

**(1) Monestir de Montserrat**
Montserrat ■ +34 938 777 701
■ Eintritt zu Museen, Basilika frei
■ www.abadiamontserrat.cat

Das Kloster mit der schönen romanischen Kunst und einer »Schwarzen Madonna« ist die heiligste Stätte Kataloniens *(siehe S. 125)*.

**(2) Monestir de Poblet**
Nahe N240, 10 km westl. von Montblanc ■ +34 977 869 089 ■ Eintritt
■ www.poblet.cat

Zum Kloster gehören die gotische Capella de Sant Jordi, eine romanische Kirche und die 1564 vergoldete Porta Daurada.

**(3) Monestir de Ripoll**
Ripoll ■ +34 972 704 203
■ www.monestirderipoll.cat ■ Eintritt

Das Westportal (879) trägt wunderschöne romanische Skulpturen. Vom Originalbau blieben nur der Eingang und der Kreuzgang erhalten.

**(4) Monestir de Santes Creus**
Santes Creus, 25 km nordwestl. von Montblanc ■ +34 977 638 329 ■ Mo geschl. ■ Eintritt ■ www.mhcat.cat

Der Kreuzgang des Klosters (1150) ist für die Kapitelle, die der Engländer Reinard Funoll schuf, berühmt.

**(5) Sant Joan de les Abadesses**
Sant Joan de les Abadesses ■ +34 972 720 599 ■ Eintritt ■ www.santjoan delesabadesses.cat

In dem französischen Pyrenäenkloster sieht man zahlreiche sehr schöne romanische Skulpturen.

**(6) Sant Climent i Santa Maria de Taüll**
138 km nördl. von Lleida ■ +34 973 696 715 ■ www.centreromanic.com

Die beiden Gotteshäuser sind schöne Beispiele für romanische Kirchen in den Pyrenäen. Die meisten Originalfresken von 1123 sind heute im MNAC *(siehe S. 20f)* in Barcelona zu sehen.

**(7) Catedral de La Seu d'Urgell**
La Seu d'Urgell ■ +34 973 353 242
■ Eintritt ■ www.laseumedieval.com
■ ♿

Die im 12. Jahrhundert erbaute Kathedrale ist eine der elegantesten in Katalonien. Der Kreuzgang (13. Jh.) hat große Kapitelle aus Granit.

**(8) Catedral de Girona**
Plaça de la Catedral, Girona
■ +34 972 427 189 ■ Eintritt (So frei)
■ www.catedraldegirona.org

Die Kirche besitzt das breiteste gotische Mittelschiff in Europa. Es ist nach dem Petersdom in Rom das zweitbreiteste Mittelschiff der Welt.

**(9) Catedral de Santa Tecla**
Altstadt Tarragona ■ +34 977 226 935 ■ Eintritt ■ Führungen
■ www.tarragonaturisme.cat

Tarragonas 104 Meter lange Kathedrale ist das größte Gotteshaus in der Region. Es weist Elemente aus Romanik und Gotik auf.

**(10) Monestir de Sant Pere de Rodes**
22 km östl. von Figueres ■ Mo geschl.
■ Eintritt ■ www.patrimoni.gencat.cat/ en/monuments

Das französische Pyrenäenkloster ist mit vielen romanischen Skulpturen ausgestattet. Die UNESCO-Welterbestätte bietet außerdem einen atemberaubenden Blick über Cap de Creus und Port de la Selva.

**Monestir de Sant Pere de Rodes**

# Nationalpark & Naturreservate

### ① Parc Nacional d'Aigüestortes i Estany de Sant Maurici

**150 km nördl. von Lleida** ■ https://parcsnaturals.gencat.cat/en/xarxa-de-parcs/aiguestortes

Die Gipfel des einzigen Nationalparks Kataloniens sind von Espot aus zugänglich. Der größte Teil liegt über 1000 Meter, einige Gipfel höher als 3000 Meter. Hier gibt es Wasserfälle und zahlreiche Karseen.

### ② Delta de l'Ebre

**30 km südöstl. von Tortosa** ■ https://parcsnaturals.gencat.cat/ca/delta-ebre

Die breite Ausdehnung des Ebro bildet ein Naturreservat für Zugvögel. Hier gibt es viele Vogelbeobachtungsstationen.

### ③ Parc Natural de la Zona Volcànica de la Garrotxa

**40 km nordwestl. von Girona** ■ https://parcsnaturals.gencat.cat/ca/garrotxa

Purpurreiher, Delta de l'Ebre

Vor Zehntausenden von Jahren ist La Garrotxa zuletzt ausgebrochen, der größte Krater, Santa Margalida, ist 500 Meter breit.

### ④ Cap de Creus

**35 km östl. von Figueres** ■ https://parcsnaturals.gencat.cat/ca/cap-creus

Wo die Pyrenäen ins Meer abfallen, schaffen sie eine zehn Kilometer lange Landspitze. Der östlichste Punkt Kataloniens bietet spektakuläre Ausblicke auf die raue Küste.

### ⑤ Parc Natural del Cadí-Moixeró

**20 km östl. von La Seu d'Urgell** ■ https://parcsnaturals.gencat.cat/ca

Die Bergkette ist dicht mit Nadelbäumen und Eichen bewaldet. Einige Gipfel sind über 2000 Meter hoch.

### ⑥ Parc Natural del Montseny

**50 km nordwestl. von Barcelona** ■ https://parcsnaturals.gencat.cat/ca

Kataloniens zugänglichster Naturpark bietet ein dichtes Wegenetz für Wanderer und Mountainbiker. Der Weg zum höchsten Gipfel, dem Turó de l'Home, ist gut ausgeschildert.

### ⑦ Massís de Pedraforca

**65 km nördl. von Manresa** ■ https://parcsnaturals.gencat.cat/ca/pedraforca

Ein Naturreservat umgibt dieses Bergmassiv, das mit bis zu 2500 Meter hohen Gipfeln bei Felskletterern beliebt ist.

### ⑧ Serra de l'Albera

**15 km nördl. von Figueres** ■ https://parcsnaturals.gencat.cat/ca/albera

Die bewaldeten Hänge von Albera sind gespickt mit Kirchenruinen und Steingräbern.

### ⑨ Parc Natural dels Aiguamolls de l'Empordà

**15 km östl. von Figueres** ■ https://parcsnaturals.gencat.cat/ca

Das Naturreservat ist ein Paradies für Hobby-Ornithologen. In Laguna de Vilalt und La Bassa de Gall Mari entdeckt man im Frühling u. a. Reiher und Moorhühner. Viele Zugvögel fliegen das Feuchtgebiet an.

### ⑩ Parc Natural de Sant Llorenç del Munt

**12 km östl. von Manresa** ■ https://parcs.diba.cat/web/santllorenc

Umgeben von Industrie und nahe bei Barcelona liegt dieser überraschend natürliche Park, der viele Wildschweine beheimatet. Wandern Sie auf dem Cerro de la Mola zu dem romanischen Kloster.

Siehe Karte S. 124f

# Sport & Aktivurlaub

**Raften auf La Noguera Pallaresa**

## **1** Raften & Kajakfahren

**Noguera Aventura, Lleida**
▪ +34 973 290 176
▪ www.nogueraventura.com
La Noguera Pallaresa in den Pyrenäen ist, vor allem im Spätfrühling bei einsetzender Schneeschmelze, einer der besten Flüsse Europas für Wildwassersport.

## **2** Tauchen

**Aquàtica, L'Estartit** ▪ +34 972 750 656 ▪ www.aquatica-sub.com
Die Reserva Natural de les Illes Medes ist wegen der Korallenriffe und der Artenvielfalt ein Taucherparadies. Nichttaucher können schnorcheln oder auf Booten mit Glasboden fahren.

## **3** Wassersport & Segeln

**Club de Mar Sitges, Pg Marítim, Sitges** ▪ +34 938 940 905
▪ www.clubmarsitges.com
Sitges ist ein gutes Segelrevier. Man kann Yachten mieten und Kurse für Anfänger belegen. Auch Windsurfen und Kanufahren werden angeboten.

## **4** Skifahren

**La Molina: 25 km südl. von Puigcerdà** ▪ +34 972 892 031
▪ www.lamolina.cat ▪ Baqueira-Beret
▪ +34 973 639 000 ▪ www.baqueira.es
La Molina in den Pyrenäen ist von Barcelona aus gut zu erreichen. In Baqueira-Beret trifft sich der Jetset. Beide Gebiete bieten ab Dezember Pisten für alle Leistungsstufen.

## **5** Golf

**Santa Cristina d'Aro: +34 972 837 055** ▪ **Platja d'Aro: +34 972 816 727**
Die Costa Brava ist eine der ersten Golfadressen Europas. Bei Platja d'Aro liegen die besten Plätze.

## **6** Reiten

**Hípica Can Tramp, Ctra Cànoves** ▪ +34 938 711 608
▪ www.hipicacantramp.es
Der Parc Natural del Montseny *(siehe S. 129)* eignet sich wunderbar für Ausritte. Es gibt einige Ställe.

## **7** Ballonfahrten

**Vol de Coloms** ▪ +34 972 680 255 oder 689 471 872
▪ www.voldecoloms.cat
Bei einer Ballonfahrt über dem Vulkangebiet La Garrotxa sieht man Katalonien aus der Vogelperspektive.

## **8** Bootsfahrten

**Dofi Jet Boats, Blanes** ▪ +34 972 352 021 ▪ **Boote jede Stunde tägl. von Blanes und Lloret de Mar (zweimal tägl. von Calella)** ▪ **Okt – März geschl.**
▪ www.dofijetboats.com
Machen Sie einen Trip von Calella oder Blanes nach Tossa de Mar. Besichtigen Sie die Altstadt und die mittelalterliche Burg.

## **9** Kanufahren, Rudern & mehr

**Canal Olímpic** ▪ **Av Canal Olímpic, Castelldefels** ▪ +34 936 362 896
▪ www.canalolimpic.cat
Die olympische Ruderstrecke von 1992, der Canal Olímpic, bietet die Möglichkeit für viele verschiedene Freizeitaktivitäten.

## **10** Pilze sammeln

Von Ende September bis Ende Oktober suchen viele Katalanen in den Bergen den *rovelló* (Weinroter Kiefern-Reizker) und andere Speisepilze. Laien sollten sich nur mit einem Experten auf die Suche machen; Diputació de Barcelona (www.diba.cat) vermittelt Führer.

# Restaurants

**Preiskategorien**
Preis für ein Drei-Gänge-Menü (oder Vergleichbares) pro Person mit einer halben Flasche Wein inkl. Steuern und Service.

€ unter 35 €   €€ 35 – 50 €   €€€ über 50 €

**①  Tragamar**
Platja de Canadell s/n, Calella de Palafrugell ▪ +34 972 614 336 ▪ €€
Man sollte einen Platz auf der Terrasse des Restaurants reservieren. Serviert werden erstklassige Fisch- und Seafoodgerichte.

**②  Les Cols**
Mas les Cols, Ctra de la Canya s/n, Olot ▪ +34 972 269 209 ▪ So abends, Mo, Di geschl. ▪ &
▪ www.lescols.com ▪ €€€
Selbst gezogenes Gemüse und saisonale Produkte aus der Region prägen die spanische Küche, die sich zwei Michelin-Sterne verdient hat. Extrem spannendes und überraschendes modernes Ambiente. Unbedingt reservieren.

**③  La Torre del Remei**
Camí del Remei 3, Bolvir, Cerdanya ▪ +34 972 140 182 ▪ & ▪ €€
Ein Modernisme-Palais bildet den eleganten Rahmen für die katalanische Küche.

**④  Cal Ticus**
C/ Raval 19, Sant Sadurní d'Anoia ▪ +34 938 184 160 ▪ So, Mo; Di – Do abends geschl. ▪ & ▪ €
Die traditionellen Gerichte aus Produkten von lokalen Anbietern gehen gut zusammen mit den hervorragenden Penedès-Weinen, die man auch im Laden kaufen kann.

**⑤  Fonda Europa**
C/ Anselm Clavé 1, Granollers ▪ +34 938 700 312 ▪ & ▪ €
Die Fonda Europa wurde schon 1771 eröffnet, quasi als Vorreiter der erfolgreichen katalanischen Restaurants. Die Küche ist sehr traditionell.

**⑥  Lasal de Varador**
Pg Marítim 1, Mataró ▪ +34 93 114 05 80 ▪ Dez – Feb geschl. ▪ €€
Das Lokal am Strand serviert Paella, Fisch und andere Speisen auf der Grundlage ökologischer und nachhaltiger Produkte.

**⑦  Els Pescadors**
Muelle Pesquero s/n, Arenys de Mar ▪ +34 937 92 3304 ▪ So abends ▪ €
Das Restaurant im Fischmarkt serviert frisches Seafood. Besonders schön sitzt man draußen am Hafen mit Blick auf die Boote. Buchen Sie für Wochenenden lange im Voraus.

**⑧  Toc Al Mar**
Pl d'Aiguablava, Begur ▪ +34 972 113 232 ▪ Dez – Feb geschl. ▪ €€
Das Toc Al Mar liegt am Strand und bietet Tische im Sand. Spezialität ist gegrilltes Seafood. Probieren Sie Tintenfisch mit schwarzem Reis, Hummer oder Garnelen.

**⑨  El Celler de Can Roca**
C/ Can Sunyer 48, Girona
▪ +34 972 222 157 ▪ So, Mo; Di mittags ▪ www.celler canroca.com ▪ €€€
Die aufregende Kochkunst der Brüder Roca wird von großartigen Weinen gekrönt. So etwas bringt drei Michelin-Sterne und für die Gäste leider eine Reservierungszeit von rund einem Jahr vorher.

Seafood im El Celler

**⑩  Cal Ton**
C/ Casal 8, Vilafranca del Penedès ▪ +34 938 903 741 ▪ So abends, Mo, Di abends ▪ So abends Ostern, 3 Wochen im Aug geschl. ▪ €€
Das Restaurant im größten Weinbaugebiet Kataloniens bietet moderne Küche. Das *menu degustació* ist besonders zu empfehlen.

Siehe Karte S. 124f

# Reise-Infos

Blick auf den Park Güell mit seinen
beiden Eingangspavillons

# Anreise
# & In Barcelona unterwegs

## Anreise
## mit dem Flugzeug

Barcelonas **Flughafen El Prat Josep Tarradellas** liegt etwa zwölf Kilometer südwestlich des Stadtzentrums. Es gibt zwei Terminals, T1 und T2. Zwischen beiden verkehren Shuttle-Busse.

Nahverkehrszüge fahren alle 30 Minuten vom Airport ins Stadtzentrum, die Fahrtdauer beträgt etwa 25 Minuten. Die Metro-Linie L9 Sud verbindet die beiden Terminals des Flughafens und führt über Europa/Fira (Messe), Torrassa und Collblanc bis Zona Universitària. An all diesen Stationen haben Sie Anschluss an das Metro-Netz Barcelonas.

Express-Flughafenbusse von **Aerobús** fahren ebenfalls in die Stadt. Die Fahrt dauert etwa eine halbe Stunde (5,90 €, hin und zurück 10,20 €).

An beiden Terminals befinden sich außerdem Taxistände, eine Taxifahrt ins Zentrum kostet 25 bis 35 Euro. Am Flughafen findet man auch Niederlassungen vieler Autovermietungen.

Barcelona wird von vielen Fluglinien direkt angeflogen. So bieten **Iberia**, **Lufthansa**, Swiss und Austrian von vielen deutschen Städten sowie von Wien und Zürich aus täglich mehrere Linienflüge. Darüber hinaus steuern einige Billigairlines Flughäfen in der Umgebung von Barcelona an. Dazu gehören die regionalen Flughäfen Sabadell Airport (20 km nördlich von Barcelona), Lleida-Alguaire Airport, Reus Airport (Tarragona), Girona-Costa Brava Airport und Andorra-La Seu d'Urgell Airport.

## Zugreisen – international

Spaniens staatliches Eisenbahnunternehmen **Renfe** (Red Nacional de Ferrocarriles Españoles) regelt den Personen- und Güterverkehr. Am besten erwerben Sie Ihr Ticket schon im Voraus online, vor allem in der Hochsaison im Sommer ist dies sinnvoll.

Es gibt von Frankreich aus mehrere Routen nach Spanien. Züge aus Brüssel, Amsterdam, Genf, Zürich und Mailand erreichen Barcelona via Cerbère an der französischen Grenze zu Katalonien. Mehrmals täglich bestehen TGV- und Intercity-Verbindungen von vielen europäischen Städten nach Barcelona, teils ist mehrfaches Umsteigen erforderlich. Der Fernverkehr kommt an Barcelonas Hauptbahnhof Sants an.

## Zugreisen – national

Am schnellsten sind TALGO und AVE (beide Renfe), die in drei Stunden von Madrid nach Barcelona fahren. Die AVE-Strecken verbinden Barcelona mit Sevilla und Málaga in fünfeinhalb Stunden. Fernzüge (*largo recorrido*) sind preisgünstig, aber langsam. Oft erfordern sie Nachtfahrten. *Regionales y cercanías* (Regional- und Lokalzüge) sind billig und verkehren häufig. Nachtzüge werden von Estrella für die Fahrt nach Madrid angeboten und von Trenhotel (etwas luxuriöser) nach A Coruña und Vigo in Galicien.

## Anreise mit dem Bus

Am billigsten reist man per Bus durch Spanien. **FlixBus** hat tägliche Angebote von Barcelonas Busbahnhof Sants.

Spanien hat kein nationales Busunternehmen, es gibt verschiedene private Anbieter mit unterschiedlichen Routen. Der größte ist **Alsa**, der fast das ganze Land abdeckt. Tickets und Infos gibt es an Hauptbahnhöfen und auf der Website von Alsa.

Busse aus Spanien kommen an den Busbahnhöfen Estació del Nord und Sants an. Es gibt zahlreiche Angebote für Tagesausflüge und längere Touren durch Katalonien. **Turisme de Catalunya** informiert über Details.

## Öffentlicher Nahverkehr

Die meisten Städte in Katalonien – darunter neben Barcelona auch **Girona**, **Tarragona** und **Lleida** – bieten einen günstigen und effizienten Busservice an. Größere Städte betreiben mehrere öffentliche Verkehrssysteme (neben Bussen meist Trams, Barcelona auch eine Metro). Informationen zu den öffentlichen Transportmitteln finden Sie auf den Websites der Städte.

Metro, Busse und Straßenbahnen werden in der katalanischen Metropole von **TMB** (Transports Metropolitans de Barcelona) betrieben. Fahrpläne, Ticketinformationen und Streckennetzpläne sind an Metro-Stationen sowie auf der Website und in der App von TMB erhältlich.

## Tickets

Besuchern stehen mehrere Ticketarten, mit denen man auch zwischen einzelnen Transportmitteln wechseln kann, zur Verfügung. Das *Senzill*-Ticket für die einfache Fahrt kostet 2,40 Euro und gilt für Metro, Bus, Tram und FGC. Das Zehnerticket T-Casual (11,35 €) umfasst zehn Fahrten (ohne Zeitbegrenzung, allerdings ohne die Fahrt zum Flughafen). Die Tickets T-Dia und T-Mes gelten für unbegrenzte tägliche bzw. monatliche Fahrten, T-50/30 für 50 Fahrten mit Metro und Bussen in 30 Tagen.

Die beliebten Besucherpässe von Hola Barcelona gibt es für zwei, drei, vier oder fünf Tage (16,40 €, 23,80 €, 31 € bzw. 38,20 €) – sie gelten für Metro, Busse, Trams und Funicular de Montjuïc. Im Unterschied zu anderen Optionen schließen sie auch die Fahrt zum und vom Flughafen ein.

## Metro

In Barcelona gibt es zwölf Metro-Linen. Sie unterscheiden sich in Nummer und Farbe. Schilder an den Bahnsteigen weisen auf die einzelnen Züge und die Fahrtrichtung durch Angabe der Endstation hin. Den Eingang zu einer Metro-Station erkennt man am roten »M« in einer weißen Raute. Die Metro ist das schnellste Verkehrsmittel, sie verbindet viele Linien von FGC-Zügen und Renfe-Zügen. Das Renfe- oder FGC-Zeichen einer Metro-Station zeigt an, dass es hier Verbindungen zu diesen Zügen gibt. Die Metro fährt montags bis donnerstags sowie sonntags und feiertags von 5 Uhr bis Mitternacht, freitags und vor Feiertagen von 5 bis 2 Uhr, samstags 24 Stunden lang.

Die Linie L9 verbindet die Stadt mit dem Flughafen (mit Halt an Terminal 1 und 2). Die Benutzung ist aber nur sinnvoll, wenn Sie in den Norden oder Westen der Stadt fahren. Zum Flughafen muss ein Extraticket gelöst werden. Nur der Hola-Barcelona-Pass schließt die Fahrt mit ein. Bei anderen Optionen ist dies nicht der Fall.

## Trams

Barcelona verfügt über zwei umfassende Straßenbahnnetze – Trambaix (T1, T2, T3) und Trambesòs (T4, T5, T6). Die Bahnen verkehren täglich etwa zwischen 5 und 0.30 Uhr, zwischen den einzelnen Tramlinien gibt es leichte Abweichungen davon. Die Straßenbahnen werden von **TRAM** betrieben, Informationen zu Streckennetzen und Fahrplänen finden Sie auf der Website. Straßenbahnen sind ein günstiges und effizientes Transportmittel und für Personen mit eingeschränkter Mobilität oder mit Kinderwagen oft besser zugänglich als andere öffentliche Verkehrsmittel.

**Anreise mit dem Flugzeug**
**Aerobús**
🅦 aerobusbarcelona.es
**Flughafen El Prat Josep Tarradellas**
🅦 aena.es
**Iberia**
🅦 iberia.com
**Lufthansa**
🅦 lufthansa.com

**Anreise mit dem Zug**
**Renfe**
🅦 renfe.com

**Anreise mit dem Bus**
**Alsa**
🅦 alsa.es
**FlixBus**
🅦 flixbus.de
**Turisme de Catalunya**
🅦 catalunyaturisme.cat

**Öffentlicher Nahverkehr**
**Girona**
🅦 girona.cat
**Lleida**
🅦 atmlleida.cat
**Tarragona**
🅦 tarragonaturisme.cat
**TMB**
🅦 tmb.cat

**Trams**
**TRAM**
🅦 tram.cat

## Busse

Busse sind ein gängiges Transportmittel in Katalonien, die Fahrpläne sind allerdings nicht immer zuverlässig. Viele Busse stellen den Betrieb nach 22 Uhr ein, doch in einigen Städten gibt es Nachtbusse.

Mit T-Casual- und T-Familiar-Tickets kann man auch Busse und Trams nutzen. Die meisten Stadtbusse sind weiß-rot. Busnummern mit H (für horizontal) verlaufen von einer Seite der Stadt zur anderen, mit V (vertikal) von oben nach unten. D bedeutet diagonal.

Der NitBus (Nachtbus) verkehrt mit 17 Linien etwa zwischen 22.30 und 5 Uhr. Übersichtspläne gibt es in der Haupttourismusinformation an der Plaça de Catalunya sowie auf der Website und in der App von TMB (siehe S. 135).

Der private **Aerobús** fährt zwischen Plaça de Catalunya und Flughafen El Prat. Normale Tickets sind im Aerobús nicht gültig.

## Lokalzüge

Die Lokalzüge von Renfe, die *cercanías*, sind geeignet, um größere Strecken in Barcelona zurückzulegen, vor allem zwischen den beiden Bahnhöfen Sants und Estació de França. Sie sind auch ideal für Ausflüge nach Sitges oder die Orte an der Nordküste. Pläne erhält man an den Bahnhöfen oder auf der Website und in der App von Renfe (siehe S. 135). Die Züge verkehren täglich

von 5.30 bis 23 Uhr, die Zeiten sind von Route zu Route unterschiedlich.

Wie Barcelonas Metro, Busse und Trams werden auch die Vorortzüge der **FGC** (Ferrocarrils de la Generalitat de Catalunya) von TMB betrieben. Sie eignen sich für Ausflüge auf den Tibidabo, nach Pedralbes und in die Serra de Collserola.

## Taxis

Taxis in Barcelona sind gelb-schwarz. Wenn sie frei sind, leuchtet ein grünes Licht. Alle Taxis sind mit Taxameter ausgestattet, die bei Fahrtbeginn die Grundgebühr von 2,25 Euro anzeigen. Dann werden Kilometerpauschalen berechnet (höhere Preise zwischen 20 und 8 Uhr sowie an Wochenenden und Feiertagen). Aufschläge gibt es für Fahrten vom und zum Flughafen und Hafen sowie von und zu großen Bahnhöfen.

Man kann Taxis auf der Straße heranwinken, an einem Taxistand einsteigen sowie über die App **FREE NOW** oder bei **Radio Taxi Barcelona**, **Taxi Ecològic**, **Barna Taxi** oder **Taxi Class** bestellen. **Taxi Amic** bietet behindertengerechte Taxis, die man einen Tag im Voraus buchen muss.

## Mit dem Auto nach Katalonien

Viele Besucher erreichen Spanien über die (gebührenpflichtigen) französischen Autobahnen. Die Hauptrouten führen am Pyrenäenrand vorbei – via Hendaye im Westen oder La Jonquera im Osten.

## Autofahren

Wenn Sie mit dem Wagen nach Katalonien fahren, dann führen Sie das Europäische Unfallprotokoll (von Ihrer Kfz-Versicherung oder im Internet) und die Grüne Versicherungskarte mit sich. Sie müssen zudem stets Fahrzeugpapiere (Führer- und Fahrzeugschein) sowie Pass oder Ausweis dabeihaben.

Es gibt in Spanien *autopistas* (mautpflichtige Autobahnen) und *autovías* (mautfreie Schnellstraßen). A vor der Straßennummer = kostenlos, AP = kostenpflichtig.

*Carreteras nacionales*, Spaniens Nationalstraßen, besitzen schwarz-weiße Schilder und sind mit N (Nacional) plus Zahl gekennzeichnet. *Carreteras comarcales*, Nebenstraßen, zeigen ein vorangestelltes C.

Autofahren in Barcelona ist nicht unbedingt zu empfehlen. Die engen Straßen und viele Einbahnstraßen sowie die Suche nach einem Parkplatz können nervenaufreibend sein.

Fahrzeuge ohne Umweltplakette dürfen an Arbeitstagen nicht in die Umweltzone ZBE fahren. Parkplätze kosten eine Gebühr. In blauen Zonen kann man zwei Stunden (2 – 3 € pro Stunde) parken. Nach Ablauf dieser Parkzeit kann man eventuell einmal verlängern. Grüne Zonen sind für Anwohner reserviert, oder man erwirbt einen Parkschein. Bei Parkhäusern bedeutet *lliure*, dass es noch freie Plätze gibt, *complet*, dass alles besetzt ist. Die meisten

Parkhäuser sind bewacht, doch es gibt auch solche mit Automaten, an denen man beim Herausfahren zahlt. Parken Sie nie an gelb markierten Bordsteinen oder vor privaten Ausfahrten *(gual)*. Die Zusätze »1–15« oder »16–30« unter Parkverbotsschildern bedeuten, dass man an diesen Tagen des Monats nicht parken darf.

## Autovermietung

Die beliebtesten Firmen sind **Avis**, **Europcar** und **Hertz**. Sie haben Büros in Flughäfen und großen Bahnhöfen sowie in größeren Städten.

## Verkehrsregeln

Der Alkoholgrenzwert liegt in Spanien bei 0,5 Promille (für Fahranfänger: 0,3 Promille). Es gilt Anschnallpflicht. Kinder unter zwölf Jahren sind in einem entsprechenden Kindersitz zu befördern. Reflektierende Warnwesten sowie Warndreieck und Verbandskasten müssen jederzeit mitgeführt werden.

In Spanien gilt rechts vor links, Fahrzeuge im Kreisverkehr haben Vorfahrt.

## Fahrrad fahren

Viele touristisch interessante Gebiete in Barcelona sind relativ flach, das Netz ist gut markierten Radwegen, von denen viele auch zu den Hauptsehenswürdigkeiten der Stadt führen, wächst kontinuierlich. Zur Sicherheit sollten Sie ausschließlich auf ausgewiesenen Radwegen fahren.

Über das gesamte Stadtgebiet verteilt gibt es zahlreiche Verleihfirmen. Zu den bekanntesten gehören auch **Budget Bikes**, **Green Bikes** und **A-Bike Rental & Tours**. Die Mietgebühren liegen etwa zwischen 10 Euro für zwei Stunden und 60 Euro für eine Woche.

Die roten Räder der Bike-Sharing-Initiative **Bicing** sind über die ganze Stadt verstreut, aber dieses Verleihsystem steht derzeit nur für die Einwohner zur Verfügung.

Viele Fahrradverleihe bieten auch Fahrradtouren durch die Stadt an: **Bike Tours Barcelona** führt eine Tour zu Modernisme-Bauwerken durch, auch von den Tourenführern von **Steel Donkey** erfährt man Wissenswertes über die Stadt. Touren mit Vintage-Motorrädern inklusive Beiwagen bietet **Bright Side Tours**.

## Zu Fuß

Die meisten touristisch interessanten Gegenden lassen sich am besten zu Fuß erkunden, insbesondere die Altstadt und Gràcia. Dort ist ein gemütlicher Spaziergang die beste Möglichkeit, die architektonischen und kulturellen Reichtümer zu genießen. Die Strandpromenade von Port Vell bis Port Olímpic eignet sich auch hervorragend zum Spazierengehen.

Barcelona Turisme *(siehe S. 141)* bietet Stadtspaziergänge an, beliebt bei Architekturfans ist die **Ruta del Modernisme**. Auf der Website können Sie sich über das Angebot informieren.

### Busse
**Aerobús**
W aerobusbcn.com

### Lokalzüge
**FGC (Ferrocarrils de la Generalitat de Catalunya)**
W fgc.cat

### Taxis
**Barna Taxi**
W barnataxi.com
**FREE NOW**
W free-now.com
**Radio Taxi Barcelona**
W radiotaxibarcelona.info
**Taxi Amic**
W taxiamic.cat
**Taxi Class**
W taxiclassrent.com
**Taxi Ecològic**
W taxiecologic.com

### Autovermietung
**Avis**
W avis.com
**Europcar**
W europcar.com
**Hertz**
W hertz-europe.com

### Fahrrad fahren
**A-Bike Rental & Tours**
W a-bike.es
**Bicing**
W bicing.barcelona
**Bike Tours Barcelona**
W biketoursbarcelona.com
**Bright Side Tours**
W brightsidetours.com
**Budget Bikes**
W budgetbikes.eu
**Green Bikes**
W greenbikesbarcelona.com
**Steel Donkey**
W steeldonkeybiketours.com

### Zu Fuß
**Ruta del Modernisme**
W rutadelmodernisme.com

# Praktische Hinweise

### Einreise

Seit die Grenzkontrollen bei den »Schengen-Staaten« entfallen sind, müssen EU-Bürger bei der Einreise keinen Ausweis mehr vorlegen. Dennoch müssen Sie sich jederzeit mit einem gültigen Personalausweis oder Pass ausweisen können. Auch jedes mitreisende Kind benötigt ein eigenes Ausweisdokument mit Lichtbild.

### Zoll

Innerhalb der EU können die meisten Waren – auch Wein, Spirituosen und Tabak – in Mengen des persönlichen Bedarfs eingeführt werden. Alkohol und Tabak dürfen für den persönlichen Gebrauch ein- und ausgeführt werden. Erlaubt sind 800 Zigaretten, zehn Liter Spirituosen, 90 Liter Wein und 110 Liter Bier.

### Konsulate

Deutschland, Österreich und die Schweiz betreiben Konsulate in Barcelona *(siehe Kasten S. 139)*. Das jeweilige Konsulat des Heimatlandes ist Anlaufstelle im Falle des Verlusts von Ausweispapieren, aber auch in Krisensituationen.

### Reise- & Sicherheitshinweise

Aufgrund unvorhersehbarer Entwicklungen kann es zu Änderungen und Einschränkungen kommen. Aktuelle Hinweise zur Einreise und Sicherheitshinweise finden Sie beim deutschen **Auswärtigen Amt**, beim **österreichischen Bundesministerium für europäische und internationale Angelegenheiten** oder beim **Eidgenössischen Departement für auswärtige Angelegenheiten der Schweiz** (Weblinks siehe Kasten).

### Versicherung

Aufgrund des europäischen Sozialversicherungsabkommens genießen alle EU-Bürger in Spanien Krankenversicherungsschutz. Nehmen Sie Ihre Krankenversicherungskarte mit, die als Europäische Versicherungskarte (EHIC) überall in Spanien gilt. Diese Karte müssen Sie beim Arzt vorzeigen.

Nicht alle medizinischen Untersuchungen und Behandlungen sind durch die EHIC-Karte abgedeckt. Es kann also vorkommen, dass Sie manche Leistungen selbst bezahlen müssen. Auch Zahnbehandlungen sind nicht abgedeckt. Für all dies und eventuell für den Krankenrücktransport empfiehlt sich zusätzlich eine private Reisekrankenversicherung.

Es gibt auch Reiseversicherungen, die alle erdenklichen Risiken absichern – von Reiserücktritt über Krankheitsfälle bis zu Gepäckverlust.

### Notfälle

Spaniens **Notrufnummer** ist landesweit die europäische Notrufnummer **112**. Fragen Sie dort nach der *policía* (Polizei), den *bombers* (Feuerwehr) oder einer *ambulància* (Krankenwagen). Daneben gelten auch die regionalen Nummern für die einzelnen Notdienste. Außerdem gibt es gesonderte Nummern für die **Policía Nacional** (zuständig für Verbrechen und die nationale Sicherheit), die **Guàrdia Urbana** (städtische Polizei, die auch den Verkehr regelt) und die **Mossos d'Esquadra** (katalanische Polizei).

### Gesundheit

Für Spanien sind keine Impfungen erforderlich. Das Leitungswasser kann man unbesorgt trinken, auch wenn Mineralwasser besser schmeckt. Medikamente, die Sie ständig nehmen müssen, sollten Sie in ausreichender Menge dabeihaben.

Liegt kein Notfall und keine ernste Erkrankung vor, können Sie zu einem *farmacèutic* (Apotheker) gehen, der auch Medikamente verordnen darf. Das *Farmàcia*-Schild ist ein grünes Kreuz. Die Adressen der Apotheken, die nachts oder an Sonn- und Feiertagen geöffnet haben *(farmàcia de guàrdia)*, finden Sie in Apothekenfenstern. Eine der Apotheken, die täglich rund um die Uhr offen ist, ist die **Farmàcia Clapés** auf La Rambla.

### Sicherheit

Wie in allen europäischen Großstädten ist auch in Barcelona Taschendiebstahl ein Problem: Achten Sie auf Ihre Handtasche, Brieftasche, Kamera und das Smartphone.

Taschendiebe arbeiten oft zu zweit: Während einer Sie unter einem Vorwand ablenkt, greift der andere nach Ihren Wertsachen und ist blitzschnell verschwunden. Vor allem in der Metro gibt es viele Diebstähle. Man bietet den Opfern verbilligte Metro-Karten an – und klaut ihnen das Portemonnaie, wenn sie bezahlen wollen.

Auch an Cafétischen im Freien sollten Sie ein Auge auf Ihre Handtasche haben. Hängen Sie sie nie an die Stuhllehne.

Zu Ihrer Sicherheit nehmen Sie spätnachts unter Umständen ein Taxi zu Ihrer Unterkunft. Achten Sie beim Abheben an Geldautomaten auf die Umgebung. Manche Geldautomaten sind nachts außer Betrieb.

Melden Sie einen Verlust oder Diebstahl innerhalb von 24 Stunden bei einer Dienststelle der *Guàrdia Urbana*. Falls Sie eine Versicherung abgeschlossen haben, lassen Sie sich auf jeden Fall eine Kopie der *denúncia* (Anzeige) aushändigen. Ihr Konsulat kann Ihren Pass oder Ausweis ersetzen, aber keine finanzielle Hilfe leisten.

Machen Sie sich *vor* der Reise Fotokopien oder einen Scan von Ausweis, Pass, Kreditkarten, Führerschein und anderen wichtigen Dokumenten, damit Sie im Fall eines Verlusts Nummern und Daten sofort zur Hand haben.

## Behinderte Reisende

Alle Busse, Metro-Stationen und Bahnhöfe sind für Rollstühle geeignet. Über Details informiert **IMD** (Institut Municipal de Persones amb Discapacitat).

**COCEMFE** (Confederación Española de Personas con Discapacidad Física y Orgánica) liefert Informationen für behinderte Reisende. **Federació ECOM**, Kataloniens Behinderten-Hilfsorganisation, gibt Hotelverzeichnisse und Ratgeber heraus. **Disabled Accessible Travel** organisiert Touren und Ausflüge und erteilt Infos über behindertengerechte Hotels und Restaurants. **Barcelona Enabled** liefert Hinweise für die Stadt.

---

### Konsulate

**Deutschland**
Karte G1 • Torre Mapfre,
C/ Marina 16–18,
08005 Barcelona
📞 +34 932 921 000
🌐 barcelona.diplo.de

**Österreich**
Karte D1 • C/ Marià
Cubí 7, 1°, 2a,
08006 Barcelona
📞 +34 933 686 003
barcelona@consulado
deaustria.com

**Schweiz**
Gran Via de Carlos III 94,
7°, 08028 Barcelona
📞 +34 934 090 650
🌐 eda.admin.ch/
barcelona

### Reise- & Sicherheitshinweise
🌐 auswaertiges-amt.de
🌐 bmeia.gv.at
🌐 eda.admin.ch

### Notfälle

**Ambulanz, Polizei & Feuerwehr**
📞 112

**Ambulanz**
📞 061

**Guàrdia Urbana**
📞 092

**Mossos d'Esquadra**
📞 088

**Policía Nacional**
📞 091

### Gesundheit

**Farmàcia Clapés**
Karte L3 • La Rambla 98
🌐 farmaciaclapes.com

### Behinderte Reisende

**Barcelona Enabled**
🌐 barcelona-enabled.
com

**COCEMFE**
🌐 cocemfe.es

### Disabled Accessible Travel
🌐 disabledaccessible
travel.com

**Federació ECOM**
🌐 ecom.cat

**IMD**
🌐 bcn.cat/imd

### Kartenverlust

**Allgemeiner Notruf**
📞 +49 116 116
🌐 116116.eu

**American Express**
📞 +49 69 97 97 20 00

**Diners Club**
📞 +34 902 401 112

**MasterCard**
📞 +34 900 822 756

**Visa**
📞 +34 900 991 124

**girocard**
📞 +49 69 740 987

## Kredit- und Debitkarten

In Spanien gilt der Euro, doch auch mit den gängigen Kredit- und Debitkarten kommt man sehr gut zurecht. Die allermeisten Hotels und viele Restaurants akzeptieren Kartenzahlung; sicherheitshalber sollte man allerdings vorab fragen. Kleine Hotels und Läden nehmen oft nur Bargeld. Auch für Taxifahrten oder einen Imbiss zwischendurch sowie auf Märkten sollte man immer etwas Bargeld mit sich führen.

Bei Verlust lassen Sie Ihre Karte(n) unverzüglich sperren. Die Telefonnummern finden Sie im Kasten auf Seite 139.

## Mobiltelefone & WLAN

Alle in Europa gängigen GSM-Handys und Smartphones funktionieren in Spanien problemlos. Für Bürger aus Ländern der Europäischen Union entstehen bei der Nutzung ihres Mobiltelefons keine Roaminggebühren, sie zahlen dieselben Gebühren wie für Handygespräche zu Hause.

Fast alle Hotels bieten ihren Gästen im Zimmer oder in einem der öffentlichen Bereiche WLAN-Zugang, die Nutzung ist häufig kostenlos. Auch viele Bars und Cafés in Katalonien bieten ihren Gästen kostenlos Internetzugang, von den Mitarbeitern erhält man dazu ein Passwort.

Auf der Website und in der App von **WiFi Map** findet man kostenlose WLAN-Hotspots in der Nähe.

## Post

Die spanische Post heißt **Correos**. Hauptpostämter haben Montag bis Freitag von 8.30 bis 20.30 Uhr, Samstag von 9.30 bis 13 Uhr geöffnet. Die Postleitzahlen für Stadt und Provinz Barcelona beginnen mit 08. Briefmarken erhält man im Postamt, in der *papelería* (Schreibwarengeschäft) oder im *estanc* (Tabakladen). Das Porto für Postkarten und Standardbriefe (20 g) ins europäische Ausland beträgt 1,65 Euro.

## Zeitzone

In Spanien gilt die Mitteleuropäische Zeit (MEZ), von Ende März bis Ende Oktober die Mitteleuropäische Sommerzeit (MESZ).

## Strom

Die Stromspannung beträgt 230 V/50 Hz. In die Steckdosen passen die üblichen Euro-Stecker.

## Klima

Das Klima in Katalonien ist typisch mediterran mit kühlen Wintern und sehr warmen Sommern. Der Juli kann heiß und feucht sein, an besonders heißen Tagen können die Höchsttemperaturen durchaus 35 °C überschreiten. Januar und Februar sind die kältesten Monate, doch auch dann liegen die Temperaturen meist über 10 °C.

## Öffnungszeiten

Viele Geschäfte und einige Museen schließen ab Mittag für mehrere Stunden. Größere Geschäfte und Kaufhäuser hingegen sind durchgehend bis 21 oder 22 Uhr geöffnet.

Am Montag haben viele Museen und andere beliebte Sehenswürdigkeiten geschlossen. Darüber hinaus können die Öffnungszeiten im Jahresverlauf variieren. Informieren Sie sich vor dem Besuch auf den jeweiligen Websites über die aktuellen Zeiten.

Sonntags ist während der Messen keine Besichtigung von Kirchen und Kathedralen erwünscht.

An Feiertagen schließen die meisten Museen und viele Geschäfte früher oder bleiben den ganzen Tag zu. Dies gilt an folgenden Tagen: *Any Nou* (Neujahr, 1. Jan), *Reis Mags* (Dreikönigstag, 6. Jan), *Divendres Sant* (Karfreitag, März/Apr), *Dilluns de Pasqua* (Ostermontag, März/Apr), *Festa del Treball* (Tag der Arbeit, 1. Mai), *Sant Joan* (Johannistag, 24. Juni), *Assumpció* (Mariä Himmelfahrt, 15. Aug), *Diada de Catalunya* (Nationalfeiertag, 11. Sep), *La Mercè* (24. Sep), *Dia de la Hispanitat* (Spanischer Nationalfeiertag, 12. Okt), *Tots Sants* (Allerheiligen, 1. Nov), *Dia de la Constitució* (Verfassungstag, 6. Dez), *Immaculada Concepció* (Mariä Empfängnis, 8. Dez), *Nadal* (Weihnachten, 25. Dez), *Sant Esteve* (26. Dez).

## Information

Barcelona hat mehrere *oficines d'informació* (Tourismusbüros). Die Zentrale liegt an der Plaça de Catalunya, weitere Niederlassungen befinden sich am Flughafen, an

La Rambla, Estació de Sants, Plaça de Sant Jaume, Estació del Nord und Plaça Espanya. Alle Büros werden von **Barcelona Turisme** geführt und informieren über Attraktionen, Veranstaltungen aller Art, Hotels und Restaurants.

Auf der Website von Barcelona Turisme erhält man umfassende Informationen zu Sehenswürdigkeiten und Veranstaltungen, kann Tickets kaufen und Unterkünfte buchen. Zu den angebotenen Apps gehören auch ein allgemeiner Reiseführer für die Stadt sowie Reiseführer zu speziellen Themen wie etwa das mittelalterliche Barcelona, das römische Barcelona oder Gaudís Barcelona.

Im Sommer stehen mit roten Jacken bekleidete Mitarbeiter, die auch Englisch sprechen, in touristisch besonders beliebten Gegenden mit Rat und Tat zu Seite.

Die Stadt bietet mit der **Barcelona Card** einen Besucherpass für kostenlosen Transport und freien Eintritt in Museen sowie mit Rabatten für Touren, Restaurants etc. Den Pass gibt es für drei, vier oder fünf Tage (48 €, 58 € und 63 €). Man bucht ihn vorab online, er wird beim ersten Gebrauch aktiviert. Überlegen Sie sich vorher, wie viele der Angebote Sie wahrscheinlich nutzen werden und ob sich der Erwerb des Passes lohnt.

Im **Kulturzentrum** im Palau de la Virreina erhält man Informationen über Kunst- und Kultur-Events. Am Ticketschalter gibt es Eintrittskarten für Veranstaltungen. Andere gute Informationsquellen für den Aufenthalt sind die Websites der **Stadtverwaltung**, von **Catalunya Turisme** und von **Turisme de Catalunya**.

Geeignete Apps für die Routenplanung und für Informationen zum Verkehrsnetz sind Moovit und Citymapper.

## Sprache

So gut wie alle Einwohner Barcelonas und Kataloniens sprechen die beiden Amtssprachen Katalanisch (català) und Spanisch (español bzw. castellano). Wenn Sie jemanden auf Spanisch ansprechen, erhalten Sie die Antwort automatisch auf Spanisch. Offizielle Schilder und Dokumente sind zweisprachig, Straßennamen teils nur katalanisch.

Im kosmopolitischen Barcelona sprechen viele Menschen Englisch. Auch viele Speisekarten sind auf Katalanisch, Spanisch und Englisch gedruckt.

## Mehrwertsteuer

Die Mehrwertsteuer in Spanien liegt bei 21 Prozent. Der ermäßigte Steuersatz (10 %) gilt u. a. für medizinische Leistungen, Hotel- und Restaurantrechnungen, ein ermäßigter Satz von vier Prozent für Grundnahrungsmittel und Bücher. Nur Besucher aus Ländern außerhalb der EU können sich die Mehrwertsteuer rückerstatten lassen.

## Hotels

Die Hotels Barcelonas erfüllen viele Vorlieben, sowohl was die Preise als auch was den Geschmack betrifft. Einen sehr guten Überblick über das reiche Angebot bietet das Tourismusportal **Spain Info**.

Versuchen Sie, Ihre Unterkunft rechtzeitig zu buchen, wenn Sie planen, in der Hochsaison (Juli und August) zu reisen. Die Preise sind auch während der großen Festes höher.

Barcelona ist eine laute Stadt. Das betrifft Hotels aller Kategorien. Lärmempfindliche tun gut daran, ein Zimmer nach hinten zu buchen.

**Mobiltelefone & WLAN**

**WiFi Map**
w wifimap.io

**Post**

**Correos**
w correos.es

**Information**

**Barcelona Card**
w barcelonacard.org

**Barcelona Turisme**
Karte M1
Pl de Catalunya 17
w barcelonaturisme.com

**Catalunya Turisme**
w catalunyaturisme.cat

**Kulturzentrum**
Karte L3 • La Rambla 99
c +34 933 161 000

**Stadtverwaltung**
w barcelona.cat

**Turisme de Catalunya**
Karte E2 • Palau Robert,
Pg de Gràcia 107
w catalunya.com

**Hotels**

**Spain Info**
w spain.info

# Hotels

---

**Preiskategorien**

Preis für ein Standard-Doppelzimmer pro Nacht (mit Frühstück, falls erhältlich), inkl. Steuern und Service.

..................................................

€ unter 125 €  €€ 125–250 €  €€€ über 250 €

---

## Luxushotels

### Granados 83

Karte E2 ■ C/ Enric Granados 83 ■ +34 934 929 670 ■ 🖶 ■ www.hotel granados83.com ■ €€

Die Zimmer sind mit Zebrano-Holz, schokoladenfarbenem Leder und original Buddha- und Hindu-Kunst ausgestattet. Die Suiten verfügen über Terrassen mit Blick auf den Pool. Es gibt ein Restaurant und auf dem Dach einen Pool mit Bar.

### ABaC Restaurant & Hotel

Karte B1 ■ Av Tibidabo 1 ■ +34 933 196 600 ■ 🖶 ■ www.abacbarcelona. com ■ €€€

Das Boutiquehotel hat 17 schick eingerichtete Zimmer. Das Haus bietet außerdem ein Spa und einen kleinen, aber bezaubernden Garten. Im Hotelrestaurant, das mit drei Michelin-Sternen ausgezeichnet wurde, wirkt Jordi Cruz.

### Alma Barcelona

Karte E2 ■ C/ Mallorca 271 ■ +34 933 196 600 ■ www. almahotels.com/barcelona ■ €€€

Das Hotel strahlt Eleganz aus und ist bekannt für exzellenten Service. Originaldetails aus dem 19. Jahrhundert sind erhalten geblieben, doch die Zimmer sind minimalistisch eingerichtet. Der herrliche Garten *(siehe*

*S. 61)* und die stilvolle Dachterrasse sind wunderbar zum Entspannen nach dem Sightseeing.

### Almanac Hotel

Karte E3 ■ Gran Via de les Corts Catalanes 619 ■ +34 930 187 000 ■ www. almanachotels.com ■ €€

Das vornehme Hotel wurde vom Top-Designer Jaime Beriestain mit Art-déco-Elementen wie allerfeinsten Stoffen, edlen Hölzern und Messingbeschlägen ausgestattet. Die Sonnenterrasse und der Pool auf dem Dach sind so spektakulär, wie man es für den Preis erwarten darf. Das Frühstück ist unübertroffen, und jedes Zimmer hat einen eigenen Balkon mit gemütlicher Liege.

### Casa Camper

Karte L2 ■ C/ Elisabets 11 ■ +34 933 426 280 ■ 🖶 ■ www.casacamper.com ■ €€€

Das Gebäude stammt aus dem 19. Jahrhundert, die Gestaltung als Hotel erfolgte mit viel Stil. Die geräumigen Zimmer und Suiten zeichnen sich durch kreatives Design und Sinn fürs Detail aus. Es gibt eine herrliche Dachterrasse und eine rund um die Uhr geöffnete Bar mit einem Buffet, das zu jeder Tages- und Nachtzeit einen heißen oder kalten Snack bereithält. Das Restaurant Dos

Palillos offeriert authentische asiatische Speisen im spanischen Tapas-Stil. Chef de Cuisine ist Albert Raurich (früher El Bulli).

### El Palace Barcelona

Karte F3 ■ Gran Via de les Corts Catalanes 668 ■ +34 935 101 130 ■ 🖶 ■ www.hotelpalace barcelona.com ■ €€€

Mit der neoklassizistischen Fassade von 1919, den großen öffentlichen Bereichen und dem herausragenden Service ist dieses Hotel ein Synonym für Tradition und Stil. Es gibt mehrere Restaurants im Haus, das von Romain Fornell geleitete Caelis serviert innovative Gourmetmenüs, die ihm einen Michelin-Stern eingebracht haben.

### Grand Hotel Central

Karte E4 ■ Via Laietana 30 ■ +34 932 957 900 ■ www. grandhotelcentral.com ■ €€€

Das große, elegante Hotel liegt in der Nähe von Barri Gòtic und El Born. Es verfügt über einen fantastischen Infinity Pool auf dem Dach, von dem man einen umwerfenden Blick über ganz Barcelona genießen kann. Im Restaurant des Grand Hotel Central serviert man feinste mediterrane Speisen.

### Hotel Arts Barcelona

Karte G5 ■ C/ Marina 19–21 ■ +34 932 211 000 ■ 🖶 ■ www.hotelarts barcelona.com ■ €€€

Barcelonas edles Fünf-Sterne-Hotel liegt nur ein paar Schritte vom Meer entfernt, hat geräumige, luxuriöse Zimmer, einen Außenpool im ersten Stock mit Meerblick und ein Spa im 43. Stock. Es gibt verschiedene fantastische Möglichkeiten zu speisen. Im Hauptrestaurant Enoteca hat sich der Chef de Cuisine Paco Pérez mit seiner wunderbaren mediterranen Küche zwei Michelin-Sterne verdient.

### Majestic Hotel & Spa
Karte E2 ▪ Pg de Gràcia 68 ▪ +34 934 881 717 ▪ ♿ ▪ www.majestichotel group.com ▪ €€€
Herrschaftliche Ausstattung und einwandfreier Service sind die Kennzeichen dieses klassischen Stadthotels. Wenn Sie es durch die schweren Messingglastüren verlassen, sind Sie nur wenige Schritte von Eixamples Modernisme-Bauten entfernt. Die Dachterrasse mit Pool bietet einen tollen Blick über die Stadt.

### W Barcelona
Karte E5 ▪ Pl de la Rosa dels Vents 1 ▪ +34 932 952 800 ▪ ♿ ▪ www. w-barcelona.com ▪ €€€
Das wegen seiner spektakulären Segel-Form auch als »Hotel Vela« bekannte Fünf-Sterne-Haus liegt an einem Landvorsprung am Meer. Raumhohe Fenster vermitteln den Eindruck, man übernachte mitten auf dem Ozean. Das Hotel bietet ein 700 Quadratmeter großes Spa und einen Infinity Pool auf der Dachterrasse. An verschiedenen Orten kümmert man sich auch kulinarisch um das Wohl des Gastes mit Restaurants, Designerbars und einem Club.

## Historische Häuser

### Hotel Duquesa de Cardona
Karte M6 ▪ Pg Colom 12 ▪ +34 932 689 090 ▪ ♿ ▪ www.hduquesa decardona.com ▪ €€
In dem Gebäude aus dem 16. Jahrhundert beherbergte die Familie Cardona schon damals die Könige, wenn sie in die Stadt kamen. Das elegante Hotel vereint historische Architektur mit avantgardistischer Einrichtung. Die Dachterrasse mit Pool bietet Blick auf Port Vell.

### Hotel España
Karte L4 ▪ C/ Sant Pau 9 ▪ +34 935 500 000 ▪ ♿ ▪ www.hotelespanya.com ▪ €€
Der Modernisme-Architekt Lluís Domènech i Montaner restaurierte das 1859 erbaute Haus 1903. Unterstützt wurde er dabei von Maler Ramón Casas und dem Bildhauer Eusebi Arnau, der den Alabaster-Kamin schuf. Das Hotel besitzt eine Dachterrasse mit Pool und Solarium. Im Restaurant Fonda España wirkt der Sternekoch Martín Berasategui.

### Praktik Rambla
Karte E3 ▪ Rambla de Catalunya 27 ▪ +34 933 436 690 ▪ www.hotel praktikrambla.com ▪ €€
Das zentral gelegene, preisgünstige Hotel in einem modernistischen Herrenhaus verbindet traditionelles und avantgardistisches Ambiente. Original erhaltene Fliesen und Holzschnitzwerk stehen in Kontrast zu zeitgenössischem Dekor. Das Hotel verfügt über

eine Außenterrasse. Da es nur wenige Zimmer gibt, sollte man frühzeitig reservieren.

### Casa Fuster
Karte E1 ▪ Pg de Gràcia 132 ▪ +34 932 553 000 ▪ ♿ ▪ www.hotelcasa fuster.com ▪ €€€
Die von Domènech i Montaner entworfene Casa Fuster zählt zu den prestigeträchtigsten Luxushotels der Stadt. Die Modernisme-Details blieben alle erhalten, während der Gast von den modernsten Annehmlichkeiten des 21. Jahrhunderts profitiert, die unauffällig eingebaut wurden.

### Gran Hotel La Florida
Karte B1 ▪ Ctra Vallvidrera al Tibidabo 83–93 ▪ +34 932 593 000 ▪ ♿ ▪ www. hotelfloridabarcelona.com ▪ €€€
Das Hotel in den Tibidabo-Hügeln ist eine mit viel Sorgfalt restaurierte Modernisme-Villa (1924). Der damalige Eigentümer Dr. Andreu beherbergte hier schon Hemingway und Königin Fabiola von Belgien. Heute punktet man hier mit Jugendstildetails und einer prachtvollen Aussicht.

### Hotel 1898
Karte L2 ▪ La Rambla 109 ▪ +34 935 529 552 ▪ ♿ ▪ www.hotel1898.com ▪ €€€
Das Gebäude wurde 1881 von Josep Oriol Mestres umgebaut. Teile der Einrichtung aus jener Zeit – z. B. die Drehtür zum Foyer – blieben erhalten, wurden aber durch Annehmlichkeiten wie Pool, Spa, Fitnesscenter und Restaurant ergänzt.

## Hotel Claris
**Karte E2 ▪ C/ Pau Claris 150 ▪ +34 934 876 262 ▪ 🏨 ▪ www.hotelclaris. com ▪ €€€**
Der Palast in Eixample wurde 1992 zum Hotel umgebaut. Die enge Verbundenheit zur Kunst spiegelt sich in einer Kunstsammlung. Jedes Zimmer ist mit exklusiven Werken verziert. Entspannen Sie im Mayan Spa, erfrischen Sie sich im Pool auf dem Dach.

## Hotel Neri
**Karte M3 ▪ C/ Sant Sever 5 ▪ +34 933 040 655 ▪ www. hotelneri.com ▪ €€€**
Das Hotel in einem Palast aus dem 17. Jahrhundert verbindet Geschichte, Avantgarde und Glamour. Alle Zimmer sind bestens ausgestattet, es gibt eine Bibliothek, ein Solarium und eine Dachterrasse mit schönem Blick auf die Kathedrale.

## Mercer Hotel
**Karte N4 ▪ C/ Lledó 7 ▪ +34 933 107 480 ▪ www. mercerbarcelona.com ▪ €€€**
Das Boutiquehotel im Barri Gòtic besitzt 28 große, gemütliche Zimmer mit Orginaldetails wie den Holzdecken und modernem Dekor. Der Pool auf der Dachterrasse bietet einen schönen Blick auf die Stadt. Es gibt ein Restaurant und eine Cocktailbar.

## Monument
**Karte E2 ▪ Pg de Gràcia 75 ▪ +34 935 482 000 ▪ www. monumenthotel.com ▪ €€€**
Ein neugotischer Palast direkt am schicken Passeig de Gràcia wurde mit viel Geschmack und Sinn für Kunst in ein luxuriöses Hotel umgebaut. Angesichts der Lage sind die Zimmer zur Straße hin verführerisch, die rückwärtigen Zimmer sind ruhiger und öffnen sich auf einen typischen Eixample-Hinterhof.

## In zentraler Lage

## chic&basic Born
**Karte P4 ▪ C/ Princesa 50 ▪ +34 932 954 652 ▪ www. chicandbasic.com ▪ €€**
Das umgebaute Stadthaus (19. Jh.) ist schick. Die moderne Inneneinrichtung beinhaltet Bäder mit Glas-Stahl-Dekor und bunte LED-Leuchten, deren Farbe Sie je nach Stimmung wechseln können. Im Gemeinschaftsraum »Be Yourself« können Sie sich auf Sofas entspannen.

## Hotel Banys Orientals
**Karte N4 ▪ C/ Argenteria 37 ▪ +34 932 688 460 ▪ www.hotelbanys orientals.com ▪ €€**
Das Hotel liegt nur 500 Meter von La Rambla entfernt und genau in der Mitte zwischen der Kathedrale Barcelona und Santa Maria del Mar in der Fußgängerzone im Herzen der Altstadt von Barcelona. Hinter der traditionellen Fassade verbirgt sich ein modernes Hotel. Die Suiten befinden sich in einem eigenen Gebäude.

## Hotel Colón
**Karte N3 ▪ Av de la Catedral 7 ▪ +34 933 011 404 ▪ www.hotelcolon barcelona.es ▪ €€**
Das nette Hotel in ruhiger Lage ist in Familienbesitz und traditionell mit Spiegeln und Ölgemälden ausgestattet. Der Blick auf die Kathedrale und die Plaça de la Seu ist großartig.

## Hotel Constanza
**Karte F3 ▪ C/ Bruc 33 ▪ +34 932 701 910 ▪ 🏨 ▪ www.hotelconstanza. com ▪ €€**
Das elegante mittelgroße Hotel liegt in der Nähe der Hauptsehenswürdigkeiten von Eixample. Manche Zimmer haben eine Terrasse. Das Restaurant Bruc 33 nebenan serviert Tapas und mediterrane Speisen.

## Hotel Jazz
**Karte L1 ▪ C/ Pelai 3 ▪ +34 935 529 696 ▪ 🏨 ▪ www.hoteljazz.com ▪ €€**
Das Jazz ist vielleicht nicht besonders elegant, aber es liegt zentral, das Preis-Leistungs-Verhältnis stimmt, und es bietet Annehmlichkeiten wie einen Dachpool. Das freundliche Personal hat immer einen guten Tipp parat.

## Hotel Soho Barcelona
**Karte D3 ▪ Gran Via de les Corts Catalanes 543 ▪ +34 935 529 610 ▪ 🏨 ▪ www. hotelsohobarcelona.com ▪ €€**
Der spanische Top-Architekt Alfredo Arribas gestaltete das schicke Hotel in Eixample. Es bildet die perfekte Basis für Shoppingtouren, Sightseeing und Ausflüge in das Nachtleben.

## Park Hotel
**Karte F5 ▪ Av Marquès de l'Argentera 11 ▪ +34 933 196 000 ▪ www.parkhotel barcelona.com ▪ €€**
Das Park Hotel ist ein Designklassiker aus den

1950er Jahren mit einem wunderschönen Treppenhaus. Einige der kleinen, komfortablen Zimmer sind mit Balkonen ausgestattet. Die Boutique und Clubs von El Born sind nicht weit vom Hotel entfernt.

### Room Mate Emma
Karte E2 ▪ C/ Rosselló 205 ▪ +34 932 385 606 ▪ www.emma.room-matehotels.com ▪ €€
Die Zimmer in dem sehr zentral gelegenen Hotel sind zwar klein, aber wunderschön eingerichtet. Es gibt kein Restaurant, das Personal empfiehlt aber gern Lokale in der Umgebung.

### Mandarin Oriental Barcelona
Karte E3 ▪ Pg de Gràcia 38–40 ▪ +34 931 518 888 ▪ 🦽 ▪ www.mandarin oriental.com/barcelona ▪ €€€
Das luxuriöse Hotel bietet Zimmer mit Blick auf den Passeig de Gràcia oder auf die schönen Gärten. Es besitzt ein Spa und eine Dachterrasse mit Pool. Das Gourmetrestaurant Moments, von Michelin mit zwei Sternen ausgezeichnet, wird wie das Sant Pau von der Katalanin Carme Ruscalleda betreut. Ihre drei Restaurants haben insgesamt sieben Michelin-Sterne. Hier hat sie die Tagesverantwortung an ihren Sohn Raül Balam abgegeben.

### Pullman Barcelona Skipper
Karte G6 ▪ Av Litoral 10 ▪ +34 932 216 565 ▪ 🦽 ▪ www.pullman-barcelona-skipper.com ▪ €€€

Nahe dem Strand bietet das luxuriöse Pullman Barcelona sämtliche Annehmlichkeiten eines Fünf-Sterne-Hotels. An den Wochenenden sind Buchungen zu ermäßigten Preisen möglich.

## Mittlere Preislage

### Circa 1905
Karte E2 ▪ C/ Provença 286 ▪ +34 935 056 960 ▪ www.circa1905.com ▪ €€
Circa 1905 gehört zur neuen Art von Boutique-B&Bs. Es gibt nur neun Zimmer (eines mit Balkon), dafür wohnt man in einem schönen Modernisme-Haus nur wenige Schritte von Gaudís Casa Milà entfernt. Eingerichtet sind die Räume in einem Mix aus Antiquitäten und neuem Design.

### H10 Art Gallery
Karte E2 ▪ C/ Enric Granados 62 ▪ +34 932 142 030 ▪ www.h10hotels.com ▪ €€
H10 betreibt 15 schicke, zeitgenössisch gestaltete Häuser in Barcelona. Das H10 Art Gallery liegt in einer der schönsten Straßen der Stadt. Es hat einen stillen Innenhof, eine herrliche Dachterrasse mit Mini-Pool, ein Restaurant und eine Café-Bar. Die Zimmer sind hell und minimalistisch eingerichtet, inspiriert von Künstlern von Miró bis Lichtenstein.

### Hotel Barcelona Catedral
Karte M3 ▪ C/ Capellans 4 ▪ +34 933 042 255 ▪ www.barcelonacatedral.com ▪ €€
Von der Dachterrasse (mit Mini-Pool) des mo-

dernen Hauses eröffnet sich ein phänomenaler Blick über das Barri Gòtic. Die Zimmer sind geräumig und hell, die Preise außerhalb der Saison sehr niedrig. Das Hotel bietet Kochkurse an, außerdem als besonderen Service für die Gäste mittwochs und sonntags kostenlose Spaziergänge durchs Viertel mit einem sachkundigen Führer sowie kostenlose Leihräder.

### Hotel Casa Luz
Karte E3 ▪ Ronda de la Universitat ▪ +34 930 022 505 ▪ www.sonder.com ▪ €€
Das Boutiquehotel in einem eleganten Gebäude aus dem 19. Jahrhundert bietet exquisite Zimmer (teils mit eigener Terrasse). Von der gemütlichen Rooftop-Bar hat man eine schöne Aussicht.

### Hotel Ciutat Vella
Karte L1 ▪ C/ Tallers 66 ▪ +34 934 813 799 ▪ www.hotelciutatvella.com ▪ €€
Moderne Zimmer in warmen Farben, manche mit einer kleinen Terrasse – all das nur ca. fünf Minuten zu Fuß von La Rambla entfernt. Es gibt sogar einen Mini-Pool und Liegen auf dem Dach.

### Hotel Granvía
Karte F3 ▪ Gran Via de les Corts Catalanes 642 ▪ +34 933 181 900 ▪ www.hotel granvia.com ▪ €€
Das prächtige Haus mit viel Stuck und Dekor stammt aus dem späten 19. Jahrhundert. 2013 wurde es renoviert – die Zimmer präsentieren sich jetzt modern. Es gibt einen hübschen kleinen Garten im Innenhof.

## Musik Boutique Hotel

Karte P3 ▪ C/ Sant Pere Més Baix 62 ▪ +34 932 225 544 ▪ www.musikboutiquehotel.com ▪ €€
In der Nähe des Palau de la Música versteckt sich das kleine einladende Hotel mit modernen Gästezimmern hinter einer Fassade aus dem 18. Jahrhundert. Die größeren Zimmer verfügen über eine eigene Terrasse.

## Primero Primera

Karte B1 ▪ C/ Doctor Carulla 25–29 ▪ +34 934 175 600 ▪ www.primeroprimera.com ▪ €€
Das Hotel im aufstrebenden Viertel Sant Gervasi kombiniert Vintage-Chic mit Zeitgenössischem. Es gibt einen Salon mit offenem Kamin und Ledersesseln sowie einen kleinen Garten.

## Villa Emilia

Karte C3 ▪ C/ Calàbria 115 ▪ +34 932 525 285 ▪ www.hotelvillaemilia.com ▪ €€
In der Nähe des hippen Viertels Sant Antoni mit seinen Bars und Läden setzt dieses Hotel auf gepflegtes Design. Die Dachterrasse ist beliebt und im Winter sogar mit Strahlern beheizt. Kleine Gerichte bekommen Sie in der Zinc-Bar.

## Violeta Boutique

Karte F3 & N1 ▪ C/ Caspe 38 ▪ +34 933 028 158 ▪ www.violetaboutique.com ▪ €€
Die Zimmer sind hell, relativ geräumig und individuell eingerichtet. Hübsch sitzen kann man auf dem Balkon. Angeboten wird auch ein Apartment mit Küche und eigener Terrasse.

# Preiswerte Hotels

## chic&basic Zoo

Karte Q4 ▪ Pg Picasso 22 ▪ +34 932 954 652 ▪ www.chicandbasic.com ▪ €
Das in einem historischen Gebäude untergebrachte Hotel liegt im Herzen des beliebten Stadtviertels El Born und direkt gegenüber dem Parc de la Ciutadella. Das Innendesign ist industriell inspiriert.

## El Jardí

Karte M3 ▪ Pl Sant Josep Oriol 1 ▪ +34 933 015 900 ▪ www.eljardi-barcelona.com ▪ €
Das schlichte Hostel liegt mitten im Barri Gòtic. Die makellosen Zimmer sind mit hellem Holz eingerichtet und in fröhlichen Farben gestrichen. Der Frühstücksraum bietet Balkone zur *plaça*.

## Hostal Goya

Karte N1 ▪ C/ Pau Claris 74 ▪ +34 933 022 565 ▪ www.hostalgoya.com ▪ €
Das gut geführte *hostal* begrüßt seit 1952 Gäste. Die Zimmer sind hell und modern eingerichtet. Die meisten bieten ein Bad, manche sogar eine Klimaanlage.

## Hostal Oliva

Karte E3 ▪ Pg de Gràcia 32 ▪ +34 934 880 162 ▪ www.hostaloliva.com ▪ €
Vom hübschen Modernisme-Fahrstuhl bis hin zu den einzeln verpackten Seifenstückchen mit dem Oliva-Logo ist das familiengeführte *hostal* eines der besten in Barcelona. Das verzierte Modernisme-Gebäude hat helle, makellose Zimmer, aber nur manche haben ein eigenes Bad.

## Market

Karte D3 ▪ C/ Comte Borrell 68 ▪ +34 933 251 205 ▪ www.hotelmarketbarcelona.com ▪ €
Das moderne Hotel liegt unweit des Markts von Sant Antoni. Die Zimmer weisen einen pfiffigen orientalischen Touch auf. Frühstück wird im beliebten Restaurant serviert. Frühe Reservierung empfiehlt sich.

## Motel One Barcelona-Ciutadella

Karte Q3 ▪ Passeig de Pujades 11–13 ▪ +34 936 261 900 ▪ www.motel-one.com ▪ €
Das Hotel mit herrlichem Blick auf den Parc de la Ciutadella *(siehe S. 48)* ist perfekt für preisbewusste Reisende. Die Zimmer (zum Teil mit Balkon) sind in blaugrünen und braunen Farbtönen gehalten, die Dachterrasse ist ein idealer Ort zum Entspannen.

## Praktik Vinoteca

Karte E3 ▪ C/ Balmes 51 ▪ +34 934 545 028 ▪ www.hotelpraktikvinoteca.com ▪ €
In dem Boutiquehotel in Eixample dreht sich viel um Wein. Die Zimmer sind klein, aber gut konzipiert. In der Lobby-Bar können Sie etwa 900 regionale Weine kosten. Es gibt auch eine kleine begrünte Terrasse.

## Sol y k

Karte M5 ▪ C/ Cervantes 2 ▪ +34 933 188 148 ▪ www.solyk.es ▪ €
Das preisgünstige Hotel mitten im Barri Gòtic hebt sich positiv von anderen Gästehäusern in dieser Preisklasse ab. Es gibt ein paar individu-

ell gestaltete Zimmer und Betten mit Mosaiken. Einige Räume haben ein eigenes Bad.

## Hotel Acta Mimic
Karte K5 ▪ C/ Arc del Teatre 58 ▪ +34 933 299 450 ▪ 🚹 ▪ www.hotel-mimic.com ▪ €€
Das Hotel in einem ehemaligen Theater nahe La Rambla verfügt über helle Räume mit großen Fenstern und schicker, moderner Einrichtung. Auf der Dachterrasse, die einen schönen Blick auf das Barri Gòtic und den Hafen bietet, laden Hängematten zur Entspannung ein.

## Hotel Brummell
Karte C5 ▪ C/ Nou de la Rambla 174 ▪ +34 931 258 622 ▪ www.hotel brummell.com ▪ €€
Das stilvolle Hotel im quirligen Poble Sec verfügt über modern gestaltete Zimmer, eine Sonnenterrasse und einen Pool. Kostenlose Yogastunden, eine Sauna und ein begrünter Hof machen das Brummell zur perfekten Stadtoase.

## Campingplätze & Aparthotels

## Aparthotel Atenea
C/ Joan Güell 207–211 ▪ +34 934 906 640 ▪ www. aparthotelatenea.com ▪ €
Das Aparthotel in der Nähe des Finanz- und Businessviertels an der oberen Avinguda Diagonal wurde für Geschäftsreisende konzipiert. Die großräumigen Apartments sind gut ausgestattet. Es gibt Konferenzräume und 24-Stunden-Wäscheservice.

## Aparthotel Bertran
C/ de Bertran 150 ▪ +34 932 127 550 ▪ www.apart hotelbertran.com ▪ €
Das Aparthotel bietet großzügige Studios und Apartments, von denen viele über einen Balkon verfügen, eine Dachterrasse mit Pool, einen kleinen Fitnessraum und einen 24-Stunden-Wäscheservice.

## Cala Llevadó
Ctra GI-682, km 18,9, Tossa de Mar ▪ +34 972 340 314 ▪ Okt–Ostern geschl. ▪ www.cala llevado.com ▪ €
Der gepflegte, umweltfreundliche Campingplatz befindet sich an der Costa Brava drei Kilometer südlich von Tossa de Mar. Zum Strand sind es nur 200 Meter. Im nahen Ort findet man Bars, Restaurants und Lebensmittelgeschäfte. Der Campingplatz verfügt über palmengesäumte Stellplätze für Zelte.

## Camping Barcelona
Ctra N-II, km 650, 8 km östl. von Mataró ▪ +34 937 904 720 ▪ 🚹 ▪ Nov–März geschl. ▪ www.camping barcelona.com ▪ €
28 Kilometer nördlich von Barcelona liegt dieser Campingplatz am Meer, direkt an einem kleinen Strand. Man kann hier auch Bungalows mieten.

## Camping Globo Rojo
Ctra N-II, km 660, 9, Canet de Mar ▪ +34 937 941 143 ▪ 🚹 ▪ Okt–März geschl. ▪ www.globo-rojo.com ▪ €
Der gut ausgestattete Campingplatz mit Pool, Tennis- und Fußballplatz sowie weiteren Sporteinrichtungen liegt nahe den Stränden von Canet de

Mar und ist für Kinder bestens geeignet. Bungalows oder Wohnwagen kann man auch mieten. Es gibt Direktbusse in die Stadt.

## Camping Masnou Barcelona
C/ Camil Fabra 33 (N-II, km 663), El Masnou ▪ +34 935 551 503 ▪ 🚹 ▪ www.campingmasnou barcelona.com ▪ €
Der Familienbetrieb elf Kilometer nördlich der Stadt hat einen eigenen kleinen Strand. Die Plätze liegen im Schatten, man kann auch Zimmer mieten. Es gibt einen Supermarkt, einen Pool und eine Bar.

## Camping Roca Grossa
Ctra N-II, km 665, Calella ▪ +34 937 691 297 ▪ Okt–März geschl. ▪ www.rocagrossa.com ▪ €
Der zwischen Bergen und Meer gelegene Campingplatz hat gute sanitäre Einrichtungen und bietet Zugang zum nahe gelegenen Strand. Es gibt auch Bungalows zu mieten, einen Swimmingpool, ein Restaurant und eine Bar. Der Ferienort Calella mit seinen vielen Clubs ist etwa einen Kilometer entfernt.

## Camping Sitges
Ctra Comarcal C-246a, km 38, Sitges ▪ +34 938 941 080 ▪ Mitte Okt–Mitte März geschl. ▪ www. campingsitges.com ▪ €
Der kleine, gut geführte Campingplatz mit Swimmingpool, Supermarkt und Spielplatz liegt etwa zwei Kilometer südlich von Sitges, unweit der Strände.

Preiskategorien siehe S. 142

### Sant Jordi Sagrada Família
Karte E2 ■ C/ Freser 5 ■ +34 934 460 517 ■ www. santjordihostels.com ■ €
Dieses zweifellos komfortabelste der Hostels der Sant-Jordi-Gruppe in Barcelona gilt auch als »Skateboard Hostel«. Gäste können zwischen Zimmern, Schlafsälen und privaten Apartments wählen.

### Citadines
Karte L2 ■ La Rambla 122 ■ +34 932 701 111 ■ www. citadines.com ■ €€
Das Aparthotel Citadines in La Rambla eignet sich gut für einen längeren Aufenthalt. Es besitzt gut ausgestattete Studios und kleine Apartments mit Küche mit Herd und Mikrowelle, Bügeleisen und CD-Spieler.

### Suites Avenue
Karte E2 ■ Pg de Gràcia 83 ■ +34 932 723 716 ■ www. suitesavenue.com ■ €€€
Das markante Gebäude mit gewellter Fassade steht an einer so prachtvollen wie berühmten Allee. Das minimalistische Design wird ergänzt durch Kunstwerke und viele Antiquitäten. Zu den Annehmlichkeiten gehören ein Spa-Bereich und eine atemberaubende Terrasse mit Pool.

## Hostels

### Be Dream Hostel Barcelona
Av Alfonso XIII 28b, Badalona ■ +34 933 991 420 ■ www.behostels. com/dream ■ €
Das Hostel liegt eine 20-minütige Metro-Fahrt von Barcelonas Zentrum entfernt, aber nahe dem Strand. Die Preise sind niedrig. Das Haus verfügt über Zimmer für zwei bis zwölf Personen. Gäste können die Küche und Waschmaschinen des Hauses benutzen.

### Fabrizzio's Petit
Karte F3 ■ C/ Bruc 65 ■ +34 932 150 059 ■ www. fabrizzios.com ■ €
Wählen Sie zwischen einfachen Zimmern oder Schlafsälen. Das Hostel verfügt auch über eine Terrasse, eine Küche und eine Lounge. Die Mitarbeiter organisieren vielfältige Aktivitäten, darunter auch gemeinsame Abendessen und Ausflüge.

### Feetup Garden House Hostel
C/ d'Hedilla 58 ■ +34 934 272 479 ■ www.feetup hostels.com ■ €
Das freundliche Hostel liegt in der Nähe des Park Güell. Die Metro benötigt 15 Minuten ins Zentrum. Es gibt einen schönen Garten und eine Dachterrasse.

### INOUT Hostel
■ C/ Major del Rectoret 2, Vallvidrera ■ +34 932 800 985 ■ www.inouthostel. com ■ €
Eine zwölfminütige Zugfahrt bringt einen von Barcelonas Zentrum nach Vallvidrera. INOUT Hostel bietet hier Zimmer mit Stockbetten für vier bis zehn Personen. Das Haus verfügt über ein Restaurant und einen Pool. Was das Ganze besonders unterstützenswert macht: Die Belegschaft im INOUT Hostel setzt sich zu fast 90 Prozent aus Menschen mit Handicap zusammen.

### Itaca Hostel
Karte N3 ■ C/ Ripoll 21 ■ +34 933 019 751 ■ www. itacahostel.com ■ €
Das gepflegte, freundliche Hostel im Barri Gòtic hat Platz für 30 Gäste. Es gibt Doppelzimmer, Zimmer für bis zu sechs Personen und Apartments. Bettzeug und Schließfächer sind im Preis inbegriffen.

### Kabul Hostel
Karte L4 ■ Pl Reial 17 ■ +34 933 185 190 ■ www.kabul.es ■ €
Das Kabul wird bevorzugt von jungen Rucksackurlaubern gebucht. Die Schlafräume für vier bis 20 Personen haben Klimaanlage, manche einen Balkon. Es gibt Waschmaschinen, Schließfächer und eine Cafeteria, die tagsüber geöffnet hat. Ein besonderes Highlight ist die Dachterrasse mit Hängematten.

### Mambo Tango
Karte C4 ■ C/ Poeta Cabanyes 23 ■ +34 934 425 164 ■ www.hostel mambotango.com ■ €
Die Betreiber des Hostels waren selbst viel auf Reisen. Sie vermieten Zimmer für vier, sechs und acht Personen. Frühstück und Bettlaken sind inklusive. Partyvolk ist hier unerwünscht, man kann also ruhig schlafen. Zur Hotelausstattung gehört auch ein Spielzimmer.

### Primavera Hostel
Karte F2 ■ C/ Mallorca 330 ■ +34 931 752 151 ■ www. primavera-hostel.com ■ €
Zum Charme des Hauses gehören Details wie die Gewölbedecken und die Fliesenböden. Zur Auswahl stehen Zimmer und

Schlafsäle. Sie können die Küche nutzen und es sich in der Lounge gemütlich machen.

## Pars Tailor's Hostel

**Karte D3 ■ C/ Sepulveda 146 ■ +34 932 505 684 ■ www.parshostels.com ■ €**
Der charmante kleine Familienbetrieb will mit seiner Einrichtung an eine Pariser Schneiderei der 1930er Jahre erinnern. Die klimatisierten Schlafsäle verfügen über Schließfächer. Terrasse und Lounge sind weitere Pluspunkte.

## Außerhalb von Barcelona

### Ca l'Aliu

**C/ Roca 6, Peratallada, 12 km nordwestl. von Palafrugell ■ +34 972 634 061 ■ www.calaliu.com ■ €**
Die restaurierte, gemütliche *casa rural* liegt im mittelalterlich wirkenden Peratallada. Die komfortablen Zimmer sind mit Antiquitäten eingerichtet.

### Hostal Sa Tuna

**Pg de Ancora 6, Platja Sa Tuna, 5 km nördl. von Begur ■ +34 972 622 198 ■ Nov–März geschl. ■ www.hostalsatuna.com ■ €€**
Von den Terrassen der fünf Zimmer dieses familienbetriebenen Hauses können Sie den Blick auf die Costa Brava genießen. Das Restaurant serviert Seafood und andere regionale Gerichte.

### Hotel Aigua Blava

**Platja de Fornells, Begur ■ +34 972 622 058 ■ Mitte Okt–Ende März geschl. ■ www.hotelaiguablava.com ■ €€**

Auf zerklüfteten Klippen liegt dieses Küstenhotel, das in der vierten Generation von derselben Familie betrieben wird. Die Zimmer sind individuell eingerichtet, von vielen hat man einen umwerfenden Blick aufs Mittelmeer. Es gibt einen großen Swimmingpool im Freien. Es werden auch Apartments vermietet.

### Hotel Aiguaclara

**C/ Sant Miquel 2, Begur ■ +34 972 622 905 ■ www.hotelaiguaclarabegur.com ■ €€**
Eine Mischung aus moderner Ausstattung und originalen Bauelementen kennzeichnet die Zimmer in der 1866 erbauten Villa im Zentrum von Begur. Das exzellente Restaurant und der gute Service machen das Haus zu einer romantischen Oase.

### Hotel Blau Mar

**C/ Farena 36, Llafranc ■ +34 972 610 055 ■ hotelblaumarllafranc.com ■ €€**
Das Haus hat einen hübschen Garten, der Pool bietet Blick aufs Meer. Die meisten Zimmer haben Terrassen. Die Umgebung lädt zu Spaziergängen über Klippen und zu Buchten ein.

### Hotel Can Barrina

**Ctra Palautordera–Montseny, km 12, 670, Montseny ■ +34 938 473 065 ■ www.canbarrina.com ■ €€**
Das Bauernhaus (18. Jh.) in den Hügeln von Montseny ist heute ein charmantes Boutiquehotel mit einem ausgezeichneten Restaurant. Gemütliche Zimmer, ein weitläufiger Garten und ein schöner Außenpool machen das Hotel zu einem perfekten Ort zum Entspannen.

### Hotel Històric

**C/ Bellmirall 4a, Girona ■ +34 972 223 583 ■ www.hotelhistoric.com ■ €€**
Das Hotel liegt mitten in der Altstadt von Girona. Zur Auswahl stehen neben Zimmern auch Apartments für Selbstversorger.

### Parador de Tortosa

**Castillo de la Zuda, Tortosa ■ +34 977 444 450 ■ www.parador.es ■ €€**
Oberhalb von Tortosa erhebt sich das arabische Castillo de la Zuda mit seinem edlen Parador. Dieser ist mit viel dunklem Holz eingerichtet und bietet einen Blick auf die Berge in der Umgebung.

### Val de Neu

**C/ Perimetrau s/n ■ +34 973 635 000 ■ Mai–Sep geschl. ■ www.hotelbaqueiravaldeneu.com ■ €€**
Das elegante Skihotel im Resort Baqueria Beret im Val de Neu liegt in unmittelbarer Nähe der Pisten. Das Fünf-Sterne-Haus glänzt mit Luxus und gepflegtem Komfort bis ins letzte Detail in den Restaurants und im Spa.

### El Castell de la Ciutat

**Ctra N-260, km 229, La Seu d'Urgell ■ +34 973 350 000 ■ www.hotelelcastell.com ■ €€€**
Das Hotel liegt neben einem Schloss aus dem 16. Jahrhundert und bietet Luxus im Zentrum der Pyrenäen. Es gibt mehrere Restaurants, Pools innen und außen, ein Spa und schöne Gärten.

Preiskategorien siehe S. 142

# Textregister

# Bildnachweis & Impressum

## Autoren

**AnneLise Sorensen** ist Reiseschriftstellerin, Reporterin und Redakteurin. Die Halbkatalanin hat in Barcelona gelebt und gearbeitet und über Ziele auf vier Kontinenten Beiträge verfasst, u. a. für Reiseführer, Magazine, Zeitungen, TV und Radio.
**Ryan Chandler** arbeitet als Autor und Journalist seit Langem in Barcelona und war als Korrespondent der spanischen Zeitung *The Broadsheet* tätig.

**Mitautorin** Mary-Ann Gallagher

## DK London

**Lektorat**
Georgina Dee, Vivien Antwi, Ankita Awasthi-Tröger, Michelle Crane, Rachel Fox, Fíodhna Ní Ghríofa, Freddie Marriage, Scarlett O'Hara, Sally Schafer, Jackie Staddon, Christine Stroyan, Paula Canal, Hilary Bird

**Überarbeitete Neuauflage**
Avanika, Parnika Bagla, Kate Berens, Marta Bescos, Laura O'Brien, Aishwarya Gosain, Bharti Karakoti, Nayan Keshan, Sumita Khatwani, Shikha Kulkarni, Suresh Kumar, Arushi Mathur, Alison McGill, Meghna, George Nimmo, Bandana, Paul, Adrian Potts, Vagisha Pushp, Rohit Rojal, Ankita Sharma, Lucy Sienkowska, Mark Silas, Rituraj Singh, Beverly Smart, Hollie Teague, Priyanka Thakur, Stuti Tiwari, Vinita Venugopal, Richa Verma, Penny Walker, Suzanne Wales, Åsa Westerlund, Tanveer Zaidi

**Gestaltung und Bildredaktion**
Phil Ormerod, Tessa Bindloss, Richard Czapnik, Jason Little, George Nimmo, Azeem Siddiqui, Phoebe Lowndes, Susie Peachey, Ellen Root, Oran Tarjan

**Umschlaggestaltung**
Tessa Bindloss, Richard Czapnik

**Zusätzliche Fotos**
Max Alexander, Departure Lounge/Ella Milroy, Departure Lounge/Paul Young, Joan Farre, Heidi Grassley, Alex Robinson, Rough Guides/Ian Aitken, Rough Guides/Chris Christoforou, Rough Guides/Tim Kavenagh

**Illustrationen**
Chris Orr & Associates, Lee Redmond

**Kartografie**
Subhashree Bharti, Tom Coulson, Martin Darlison, Simonetta Giori, Suresh Kumar, Casper Morris

**Herstellung**
Linda Dare

**Erstauflage** Departure Lounge, London

Alexvaneekelen 80ol; Steve Allen 45ur, 87ur, 95or;
Danilo Ascione 48or; Christian Bertrand 55ml,
73or; Daniel Sanchez Blasco 87ol; Byelikova 124ol;
Catalby 3or; Charles03 50ol; Juan Bautista
Cofreces 64ul; Demerzel21 96ol; Dennis Dolkens
119ul; Dimbar76 4u; Dinozzaver 44u; Edufoto 6mlo;
Ego450 23ol; Elxeneize 16ul, 116or; Emotionart
10mlo; Alexandre Fagundes de Fagundes 41mlu;
Fazon1 10ul; Lakov Filimonov 43mlu, 52mlu, 72ur,
72ol; Fotoember 26mu; Gelia 125or; Christian Horz
68mro; Jack 50mu, 51u, 70ur, 107or, 126or,
126–127u; Javarman 4mr, 32ml; Jiawangkun
106ol; Karsol 12mr, 17mr; Pavel Kavalenkau 71or;
Kemaltaner 4o; Kyolshin 14ul; Lanaufoto 129m;
Lavendertime 18ml; Lisja 11ol, Loflo69 128ur;
Mark52 32–33m; Carlos Soler Martinez 46ul;
Alberto Masnovo 42o; Masterlu 15u; Matteocozzi
40mo; Anamaria Mejia 2or, 36–37; Lucian Milasan
96u; Miluxian 22ur; Miskolin 118o; Mkoudis 11mru;
Luciano Mortula 45ol, 68mr; Juan Moyano 40ul,
46o, 48u, 102–103u; Nito100 70ol, 108or; Andrey
Omelyanchuk 56–57, 88ul; Patⱷxs4all.nl 22mlo;
Pathastings 63or; Photo aliona 28–29m; Marek
Poplawski 102ol; Rguemades 4ml; Sanguer 49or;
Santirf 108–109u; Elena Solodovnikova 117or; Ron
Sumners 65or; Tanaonte 66u; Thecriss 26ur;
Toniflap 48m, 76ol; Typhoonski 77or; Vichie81 12ul;
Vitalyedush 4mlu, 95u; Dmitry Volkov 89ul;
Yuri4u80 22–23m; Yuryz 27ul; Victor Zastolskiy
97cl.

**Dry Martini:** Javier de las Muelas 111ur.

**Escriba:** 82ma.

**Galeria Cosmo:** 112o.

**Getty Images:** Culture Club 38m; Popperfoto
39mlo; Sylvain Sonnet 10or.

**Granja Dulcinea:** Granja Dulcinea 65mlu.

**Hotel Arts Barcelona:** David Monfil 104ol.

**Imanol Ossa:** 90m.

**iStockphoto.com:** MasterLu 5or, 132–133;
kanuman 3ol, 74–75; thehague 4mlo.

**Fundació Joan Miró:** © Successió Miró
/ADAGP, Paris & DACS London 2015 11mro, *Pagès
català al clar de lluna* 28um, *Tapis de la Fundació*
28ml, Skulptur auf dem Terrassengarten der
Fundació Joan Miró 29ol.

**La Manual Alpargatera:** 81om.

**La Mar Salada:** 105ur.

**Marmalade:** Duda Bussolin 93mro.

**Metro:** 60m.

**Milk Bar & Bistro:** Duda Bussolin 83m.

**Moments/Mandarin Oriental Hotel Group:** George
Apostolidis 113ur.

**Museu d'Art Contemporani de Barcelona
(MACBA):** Rafael Vargas 11ul, 34–35m.

**Nordic Think:** 110mr.

**NuOvum:** 90mru.

**Photo Scala, Florenz:** © Succession Picasso
/DACS, London, 2015, *Margot* oder *Donna
imbellettata*, 1901, Pablo Picasso 11m.

**Polaroid:** Meg Diaz 83or.

**SuperStock:** DeAgostini *Thronende Madonna der
Ratsherren*, 1445, Lluís Dalmau 20mr; Fine Art
Images, *Madonna der Bescheidenheit
(Madonna dell'Umiltà)*, Fra Angelico 20ul; Hemis.fr
33ur; Iberfoto /Museu Nacional d'Art de Cata-lunya
/*Das Menuett*, 1756, Giovanni Domenico Tiepolo
20mr, /*Ramon Casas und Pere Romeu auf einem

*Tandem*, 1897, Ramon Casas 21ol, /*Dukat mit dem
Bildnis von Philip V., Münze [1703], 21mro; JTB
Photo 32ur; Fundació Joan Miró, Barcelona,
© Successió Miró/ADAGP, Paris & DACS, London
2015, Skulpturengalerie 29mer; Museu Picasso,
Barcelona © Succession Picasso /DACS, London
2015 *La Nana*, 1901, Pablo Picasso 30ml.

**La Taverna del Clínic:** 62o.

**Windsor:** 62ur.

## Umschlag

Vorderseite & Buchrücken: **AWL Images:** Marco
Bottigelli.
Rückseite. **Dreamstime.com:** Boule13 or, Iakov
Filimonov mru, Javarman ol, Vitalyedush mlo.

## Extrakarte

**AWL Images:** Marco Bottigelli.

Alle anderen Bilder © Dorling Kindersley. Weitere
Informationen: **www.dkimages.com**

**Titel der englischen Originalausgabe**
*DK Eyewitness TOP10 Barcelona*

© Dorling Kindersley Limited, London,
2002, 2022
Ein Unternehmen der
Penguin Random House Group
Alle Rechte vorbehalten

Text © Ryan Chandler & AnneLise Sorensen

© der deutschsprachigen Ausgabe by
Dorling Kindersley Verlag GmbH, München,
2002, 2022
Ein Unternehmen der
Penguin Random House Group
Alle deutschsprachigen Rechte vorbehalten

### Aktualisierte Neuauflage 2023/2024

**Verlagsleitung** Monika Schlitzer
**Programmleitung** Heike Faßbender
**Redaktionsleitung** Stefanie Franz
**Herstellungskoordination** Antonia Wiesmeier
**Covergestaltung** Sabine Hüttenkofer

**Übersetzung** Frank Auerbach, München
**Redaktion** Gerhard Bruschke, München
**Schlussredaktion** Philip Anton, Köln

**Satz & Produktion** DK Verlag
**Druck** Vivar Printing, Malaysia

MIX
Papier | Fördert
gute Waldnutzung
FSC
www.fsc.org    **FSC® C018179**

**ISBN 978-3-7342-0692-4**
14 15 16    24 23 22

# Sprachführer Katalanisch

## Notfälle

| | |
|---|---|
| Hilfe! | Auxili! |
| Halt! | Pareu! |
| Rufen Sie einen Arzt! | Telefoneu un metge! |
| Rufen Sie einen Krankenwagen! | Telefoneu una ambulància! |
| Rufen Sie die Polizei! | Telefoneu la policia! |
| Rufen Sie die Feuerwehr! | Telefoneu els bombers! |
| Wo ist das nächste Telefon? | ¿On és el telèfon més proper? |
| Wo ist das nächste Krankenhaus? | ¿On és l'hospital més proper? |

## Grundwortschatz

| | |
|---|---|
| Ja | Si |
| Nein | No |
| Bitte | Si us plau |
| Danke | Gràcies |
| Entschuldigung | Perdoni |
| Hallo/Guten Tag | Hola |
| Auf Wiedersehen | Adéu |
| Gute Nacht | Bona nit |
| Morgen | el matí |
| Nachmittag | la tarda |
| Abend | el vespre |
| gestern | ahir |
| heute | avui |
| morgen | demà |
| hier | aquí |
| dort | allà |
| Was? | ¿Què? |
| Wann? | ¿Quan? |
| Warum? | ¿Per què? |
| Wo? | ¿On? |

## Nützliche Redewendungen

| | |
|---|---|
| Wie geht es Ihnen? | ¿Com està? |
| Sehr gut, danke. | Molt bé, gràcies. |
| Schön, Sie zu treffen. | Molt de gust. |
| Bis bald. | Fins aviat. |
| Das ist gut. | Està bé. |
| Wo ist/sind ...? | ¿On és/són ...? |
| Wie viele Meter/ Kilometer sind es bis ...? | ¿Quants metres/ kilòmetres hi ha d'aquí a ...? |
| Wo geht es nach ...? | ¿Per on es va a ...? |
| Sprechen Sie Deutsch/Englisch? | ¿Parla alemán/anglès? |
| Ich verstehe nicht. | No l'entenc. |
| Können Sie etwas langsamer sprechen, bitte? | ¿Pot parlar més a poc a poc, si us plau? |
| Tut mir leid. | Ho sento. |

## Nützliche Wörter

| | |
|---|---|
| groß | gran |
| klein | petit |
| heiß | calent |
| kalt | fred |
| gut (Adj.) | bo |
| gut (Adv.) | bé |
| schlecht | dolent |
| genug | bastant |
| offen | obert |
| geschlossen | tancat |
| links | esquerra |
| rechts | dreta |
| geradeaus | recte |
| nah | a prop |
| weit | lluny |
| auf/über | a dalt |
| unten/unter | a baix |
| früh | aviat |
| spät | tard |
| Eingang | entrada |
| Ausgang | sortida |
| Toilette | lavabos/serveis |
| mehr | més |
| weniger | menys |

## Shopping

| | |
|---|---|
| Wie viel kostet das? | ¿Quant costa això? |
| Ich möchte gern ... | M'agradaria ... |
| Haben Sie ...? | ¿Tenen ...? |
| Ich schaue mich nur um, danke. | Només estic mirant, gràcies. |
| Akzeptieren Sie Kreditkarten? | ¿Accepten targes de crèdit? |
| Um wie viel Uhr öffnen Sie? | ¿A quina hora obren? |
| Um wie viel Uhr schließen Sie? | ¿A quina hora tanquen? |
| dieses hier | aquest |
| das dort | aquell |
| teuer | car |
| billig | bé de preu/barat |
| Größe (Kleider) | talla/mida |
| Größe (Schuhe) | número |
| weiß | blanc |
| schwarz | negre |
| rot | vermell |
| gelb | groc |
| grün | verd |
| blau | blau |
| Antiquitäten- laden | antiquari/botiga d'antiguitats |
| Apotheke | la farmàcia |

| | |
|---|---|
| Bäckerei | el forn |
| Bank | el banc |
| Buchhandlung | la llibreria |
| Fischgeschäft | la peixateria |
| Friseur | la perruqueria |
| Gemüsegeschäft | la fruiteria |
| Konditorei | la pastisseria |
| Lebensmittelladen | la botiga de queviures |
| Markt | el mercat |
| Metzger | la carnisseria |
| Postamt | l'oficina de correus |
| Reisebüro | l'agència de viatges |
| Schuhladen | la sabateria |
| Supermarkt | el supermercat |
| Tabakladen | l'estanc |
| Zeitungskiosk | el quiosc de premsa |

## Sightseeing

| | |
|---|---|
| Tourismus-information | l'oficina de turisme |
| Basilika | la basílica |
| Bibliothek | la biblioteca |
| Garten | el jardí |
| Kathedrale | la catedral |
| Kirche | l'església |
| Kunstgalerie | la galeria d'art |
| Museum | el museu |
| Rathaus | l'ajuntament |
| geschlossen | tancat |
| wegen Ferien | per vacances |
| Busbahnhof | l'estació d'autobusos |
| Bahnhof (Zug) | l'estació de tren |

## Im Hotel

| | |
|---|---|
| Haben Sie ein Zimmer frei? | ¿Tenen una habitació lliure? |
| Doppelzimmer mit Doppelbett | habitació doble amb llit de matrimoni |
| Doppelzimmer mit zwei Betten/ mit Einzelbetten | habitació amb dos llits/ amb llits individuals |
| Einzelzimmer | habitació individual |
| Zimmer mit Bad/ mit Dusche | habitació amb bany/ amb dutxa |
| Portier | el grum |
| Schlüssel | la clau |
| Ich habe ein Zimmer reserviert. | Tinc una habitació reservada. |

## Im Restaurant

| | |
|---|---|
| Haben Sie einen Tisch für ...? | ¿Tenen taula per ...? |
| Ich möchte einen Tisch reservieren. | Voldria reservar una taula. |

| | |
|---|---|
| Die Rechnung, bitte. | El compte, si us plau. |
| Ich bin Vegetarier/in. | Sóc vegetarià/ vegetariana. |
| Kellner | cambrer |
| Kellnerin | cambrera |
| Speisekarte | la carta |
| Tagesmenü | menú del dia |
| Weinkarte | la carta de vins |
| Glas Wasser | un got d'aigua |
| Glas Wein | una copa de vin |
| Flasche | una ampolla |
| Messer | un ganivet |
| Gabel | una forquilla |
| Löffel | una cullera |
| Frühstück | l'esmorzar |
| Mittagessen | el dinar |
| Abendessen | el sopar |
| Hauptgericht | el primer plat |
| Vorspeisen | els entrants |
| Tagesgericht | el plat del dia |
| Kaffee | el cafè |
| nicht gar | poc fet |
| halb gar | al punt |
| gar | molt fet |

## Auf der Speisekarte

| | |
|---|---|
| l'aigua mineral sense gas/ amb gas | Mineralwasser ohne Kohlensäure/ mit Kohlensäure |
| al forn | gebacken |
| l'all | Knoblauch |
| l'arròs | Reis |
| les botifarres | Würstchen |
| la carn | Fleisch |
| la ceba | Zwiebel |
| la cervesa | Bier |
| l'embotit | kalter Braten |
| el filet | Filet |
| el formatge | Käse |
| fregit | gebraten |
| la fruita | Früchte |
| els fruits secs | Nüsse |
| les gambes | Garnelen |
| el gelat | Eiscreme |
| la llagosta | Hummer |
| la llet | Milch |
| la llimona | Zitrone |
| la llimonada | Limonade |
| la mantega | Butter |
| el marisc | Meeresfrüchte |
| la menestra | Gemüseeintopf |
| l'oli | Öl |
| les olives | Oliven |
| l'ou | Ei |
| el pa | Brot |

| | | | |
|---|---|---|---|
| el pastís | Gebäck/Kuchen | 11 | onze |
| les patates | Kartoffeln | 12 | dotze |
| el pebre | Pfeffer | 13 | tretze |
| el peix | Fisch | 14 | catorze |
| el pernil | geräucherter Schinken | 15 | quinze |
| salat serrà | | 16 | setze |
| el plàtan | Banane | 17 | disset |
| el pollastre | Huhn | 18 | divuit |
| la poma | Apfel | 19 | dinou |
| el porc | Schweinefleisch | 20 | vint |
| les postres | Nachspeise | 21 | vint-i-un |
| rostit | braten, rösten | 22 | vint-i-dos |
| la sal | Salz | 30 | trenta |
| la salsa | Sauce | 31 | trenta-un |
| les salsitxes | Würstchen | 40 | quaranta |
| sec | trocken | 50 | cinquanta |
| la sopa | Suppe | 60 | seixanta |
| el sucre | Zucker | 70 | setanta |
| la taronja | Orange | 80 | vuitanta |
| el te | Tee | 90 | noranta |
| les torrades | Toast | 100 | cent |
| la vedella | Rindfleisch | 101 | cent un |
| el vi blanc | Weißwein | 102 | cent dos |
| el vi negre | Rotwein | 200 | dos-cents (männl.) |
| el vi rosat | Roséwein | | dues-centes (weibl.) |
| el vinagre | Essig | 300 | tres-cents |
| el xai/el be | Lamm | 400 | quatre-cents |
| la xocolata | Schokolade | 500 | cinc-cents |
| el xoriç | Rote Wurst | 600 | sis-cents |
| | | 700 | set-cents |
| | | 800 | vuit-cents |
| | | 900 | nou-cents |
| | | 1000 | mil |
| | | 1001 | mil un |

## Zeitangaben

| | |
|---|---|
| eine Minute | un minut |
| eine Stunde | una hora |
| halbe Stunde | mitja hora |
| Montag | dilluns |
| Dienstag | dimarts |
| Mittwoch | dimecres |
| Donnerstag | dijous |
| Freitag | divendres |
| Samstag | dissabte |
| Sonntag | diumenge |

## Zahlen

| | |
|---|---|
| 0 | zero |
| 1 | un (männl.) |
| | una (weibl.) |
| 2 | dos (männl.) |
| | dues (weibl.) |
| 3 | tres |
| 4 | quatre |
| 5 | cinc |
| 6 | sis |
| 7 | set |
| 8 | vuit |
| 9 | nou |
| 10 | deu |

## Hinweise zur Aussprache

Die Aussprache folgt ganz grob dem Buchstabenlaut des geschriebenen Wortes, weicht aber in einigen Fällen von unseren Aussprachegewohnheiten deutlich ab:

Die Vokale von Doppellauten werden wie in den meisten romanischen Sprachen deutlicher voneinander getrennt ausgesprochen:

**eu** beide Vokale werden getrennt = **e - u** ausgesprochen, nicht wie im Deutschen »oi«

**ai** auch hier werden die beiden Vokale stärker getrennt ausgesprochen = **a - i**

**e** klingt oft dunkel in Richtung eines tonlosen **u**, z. B. in el, de

**d** klingt mehr wie das englische th in »the«, z. B. in de

**tg** spricht man wie **dj** aus

**x** wird am Wortanfang sowie zwischen Konsonant und Vokal wie **sch** ausgesprochen